Wirtschaft und Handel in den Alpen

Wirtschaft und Handel in den Alpen

Von Ötzi bis zu den Kelten

ANDREAS LIPPERT

THEISS

Sonderheft 02/2013
Jahrgang 02/2012
der Zeitschrift »Archäologie in Deutschland«

Frontispiz:
St. Gotthard-Massiv mit Serpentinen der Passstraße aus dem 19. Jh. (Graubünden); Modell aus Goldblech eines Einbaum-Salztransporters. Grabbeigabe vom Dürrnberg-Moserstein (Salzburg), 4. Jh. v.Chr.; Tisental und Alpenhauptkamm in den Ötztaler Alpen (Tirol). Fundgebiet von »Ötzi«.

Umschlagabbildungen Titelseite: Via Mala in Graubünden (Schweiz), © Prisma Bildagentur AG / Alamy, Foto: Brännhage Bo.
Rückseite: Hohler Stein (W. Leitner, Universität Innsbruck); Fürstengrab Dürrnberg-Moserstein (Salinen Tourismus GmbH, Bildarchiv, Salzburg); Monte Viso (Pierre Pétrequin).

Bibliografische Information der Deutschen Nationalbibliothek
Die Deutsche Nationalbibliothek verzeichnet diese Publikation in der Deutschen Nationalbibliografie; detaillierte bibliografische Daten sind im Internet über http://dnb.dnb.de abrufbar.

© 2012 Konrad Theiss Verlag GmbH, Stuttgart
Alle Rechte vorbehalten.
Produktion: Verlagsbüro Wais & Partner, Stuttgart
Druck und Bindung: Firmengruppe Appl, aprinta druck, Wemding
Gedruckt auf säurefreiem und alterungsbeständigem Papier
Printed in Germany
Besuchen Sie uns im Internet: www.theiss.de
ISBN: 978-3-8062-2586-0
ISSN: 0176-8522

Inhalt

- 8 **Karte: Fundorte in den Alpen**
- 10 **Geografie der Alpen**
- 12 **Kurze Einführung in die alpine Urzeit und Umwelt**
- 16 **Frühe Jäger und Sammler**

Ackerbauern und Viehzüchter
- 27 Frühe Neolithisierung des Alpenraumes
- 28 Entwickelter Ackerbau und Viehzucht im Neolithikum und in der Bronzezeit
- 35 Fischfang im Neolithikum und in der Bronzezeit
- 37 Landwirtschaft in der Eisenzeit
- 39 Frühe Hochweidewirtschaft
- 45 Der Mann im Eis
- 47 Sammeln von Früchten und Pflanzen

Rohstoffe
- 49 Silex und Felsgestein
- 50 Frühe Kupfergewinnung
- 54 Die Handelsform von Kupfer und seine weitere Verarbeitung
- 57 Kupfergewinnung und Siedlungsstrukturen
- 60 Gold
- 61 Silber
- 64 Eisen
- 66 Blei
- 66 Salz

Handwerk
- 75 Fossiles Holz, Koralle, Bernstein
- 75 Geweih, Knochen und Holz
- 77 Keramik
- 78 Textilien
- 81 Leder und Felle
- 81 Fayence und Glas

Handel
- 82 Verkehrsnetz
- 88 Transport
- 93 Handel mit Stein und Muscheln
- 94 Kupfer- und Bronzehandel
- 100 Transalpiner Handel in der Eisenzeit
- 104 Frühe Geldwirtschaft

- 107 **Fazit**

Anhang
- 108 Literatur
- 110 Bildnachweis

Vorwort

Bis in das 18. Jh. wurden die Alpen als lebensfeindlich empfunden, obwohl sie natürlich längst in den Tälern und auch bis in größere Höhen besiedelt waren. Für Menschen außerhalb der Alpen hatten sie oft den Ruf eines Gebirgszuges, den man meiden musste und – wenn notwendig – so schnell wie möglich passieren sollte. Schon römische Schriftsteller sprechen von »montes horribiles«, in denen nur tierähnliche Barbaren überleben könnten. Einmal ist sogar von »foeditas Alpium«, der Hässlichkeit der Alpen, die Rede.

Mit der humanistischen Bewegung der Aufklärung Ende des 18. Jh. aber kam ein romantisches Alpenbild auf, das von Francesco Petrarca und anderen bereits viel früher vorbereitet worden war. Jetzt galten die Alpen als ästhetisch anregend. In Jean-Jacques Rousseaus Roman »Julie ou la nouvelle Héloïse« 1761 werden die Alpen als Inbegriff der schönen Natur beschrieben, aber noch nicht als Kulturlandschaft begriffen. Naturwissenschaftler und Forschungsreisende begannen, zahlreiche Merkwürdigkeiten zu erkunden. Erst mit dem Ausbau von Infrastruktur und Straßen sowie dem Zustrom von Touristen im ausgehenden 19. Jh. entstand das moderne Bild vom alpinen Lebensraum.

Die Alpen wurden bereits in früher Urzeit vom Menschen aufgesucht, besiedelt und bewirtschaftet. Jagen und Sammeln bildeten zunächst die Lebensgrundlage, später breiteten sich bäuerliche Lebensformen aus. Außerdem wurden Bodenschätze abgebaut und Tauschhandel auf Saumwegen durch Täler und über Pässe betrieben. Der Mensch hat hier nicht nur ein oft hartes und ständig von der Natur bedrohtes Dasein geführt, sondern dank der verschiedenen Herausforderungen auch dazugelernt und Neues entwickelt.

Die alpenspezifischen Wirtschaftsformen der vorchristlichen Zeit zu erfassen und zu beschreiben stellt für den Prähistoriker eine sehr interessante Aufgabe dar. Zu diesem Thema wurden gerade in den letzten beiden Jahrzehnten viele erfolgreiche Forschungsprojekte durchgeführt, die es sich lohnt schwerpunktmäßig zusammenzufassen. Unter dem Begriff »Wirtschaft« möchte ich die vom Historiker Max Weber verwendete einfache Definition als Grundlage für meine Arbeit benutzen: Wirtschaft ist die Beschaffung oder Herstellung lebenswichtiger Güter und Einrichtungen.

Vorbild und in mancher Hinsicht zugleich wichtige Orientierung war für mich die hervorragende Veröffentlichung aus dem Jahr 1980 von Ludwig Pauli: »Die Alpen in Frühzeit und Mittelalter«. Er hat in diesem faszinierendem Buch auch wichtige Fundstellen und Funde zur frühen Wirtschaft beschrieben. Nun sind aber über 30 Jahre vergangen und neue, sowie oft präzisere Ergebnisse rechtfertigen eine aktuelle Bearbeitung des Stoffes.

Bei der Übersicht zu urgeschichtlichen Wirtschaftsformen wurde aus Platzgründen auf eine systematische Darstellung verzichtet. Aktuelle oder noch immer gültige, gut erforschte Befunde sollen stattdessen die Entwicklung verdeutlichen. Aufgrund der seit dem Neolithikum selbst im Alpenraum wechselnden Vielfalt der Kulturen und ihrer Varianten habe ich diese meist auch nicht einbezogen. Anderseits nenne ich aber doch je nach Zusammenhang die Phasen der prähistorischen Epochen oder auch absolute Zeitdaten.

Zahlreichen Kolleginnen und Kollegen bin ich für ihre bereitwilligen Informationen zum neuesten Stand der Forschung und die von ihnen zur Verfügung gestellten Farbaufnahmen sehr zu Dank verpflichtet. Besonders danke ich meiner Frau Susanne für die kritische Durchsicht meines Manuskriptes. Nicht zuletzt aber ist ein Erfolg dieses Heftes der Redakteurin Tina Steinhilber vom Verlagsbüro Wais & Partner zu verdanken. Sie hat die Lesbarkeit deutlich verbessert und bei der Auswahl attraktiver Bilder geholfen.

Andreas Lippert, Wien

Die Via-Mala-Schlucht im Schweizer Kanton Graubünden.

Fundorte in den Alpen

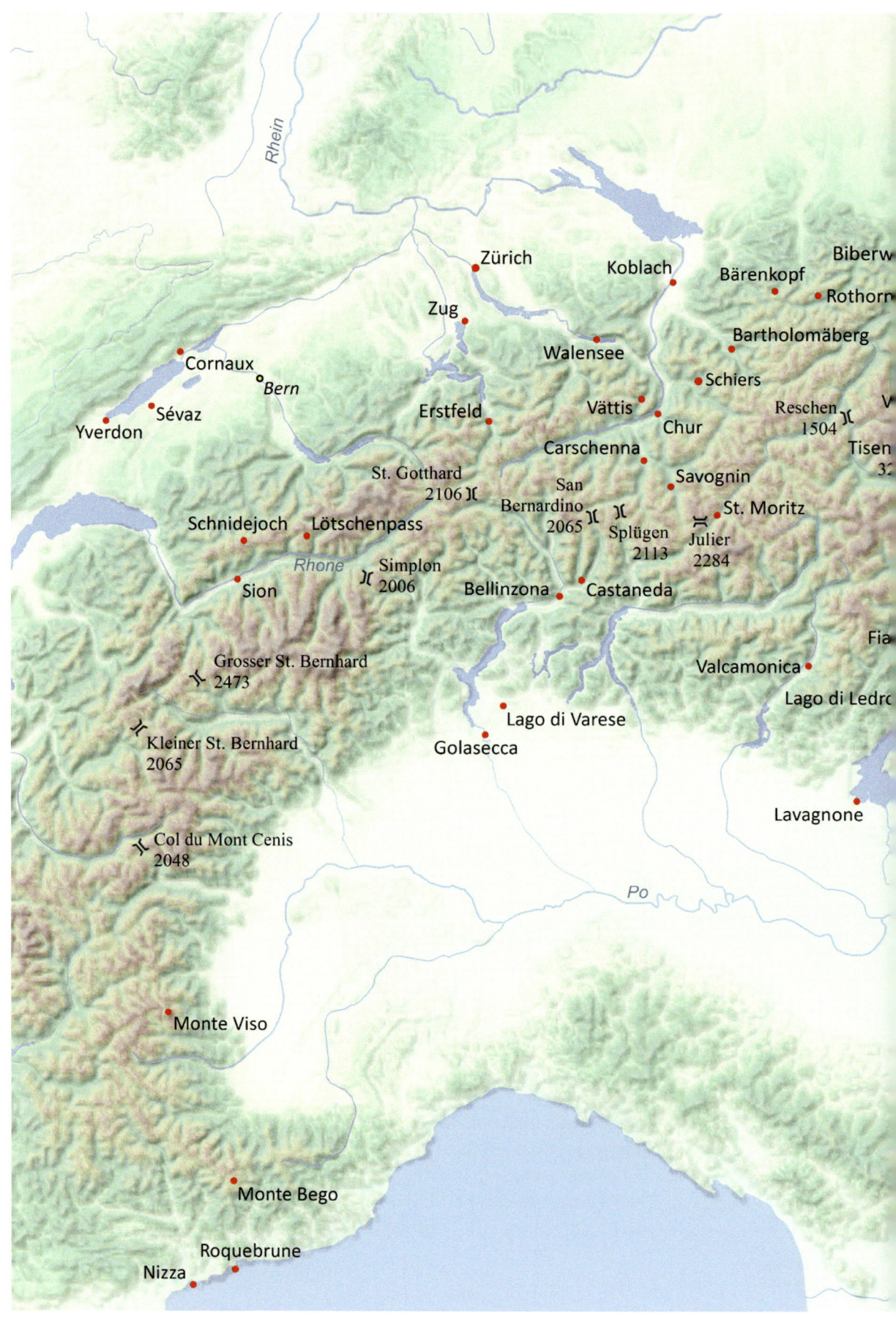

Fundorte in den Alpen

Geografie der Alpen

Der Alpenbogen beginnt im Südwesten an der französisch-italienischen Riviera, wo er an den Apennin anschließt. Im Osten endet er fächerartig vor dem westpannonischen Hügelland. Im Südosten verlaufen die Karawanken, die an ihrem Südrand in das stark verkarstete Dinarische Gebirge übergehen.

Der gesamte Alpenraum umfasst etwa 200 000 km². Von Westen nach Osten sind die Alpen rund 750 km lang und durchschnittlich 400 km breit.

Die im Westen mehrfach über 4000 m aufragenden Bergspitzen verdanken ihre Entstehung mehreren Stadien der Gebirgsbildung, die auf Verschiebungen der Europäischen und Afrikanischen Platte zurückgehen. Den Beginn machte die kaledonisch-variskische Gebirgsbildung, die vor rund 450 Millionen Jahren einsetzte und bis vor etwa 280 Millionen Jahren andauerte. Damals entstanden acht kleinere Gebirge, darunter beispielsweise auch das Gotthardmassiv, das aus sehr hartem Gestein besteht.

Vor 200 bis 100 Millionen Jahren kam es beim Auseinandertriften der Kontinente zur Bildung des Tethys-Meeres, das eine reiche Sedimentation hinterließ, dann vor 100 bis 20 Millionen Jahren zu einer Faltungsphase und schließlich ab den letzten 20 Millionen Jahren zu einer Hebungsphase, die heute noch nicht abgeschlossen ist.

Die Alpen können als Kettengebirge definiert werden, da die Bergzüge linienförmig in mehreren, parallel gestaffelten Gebirgskämmen aneinandergereiht sind. Entsprechend gibt es auch viele Längstäler wie das obere Rhônetal, das Engadin, das Tiroler Inntal, das Salzach-, Enns-, Mur- oder Drautal.

Man unterscheidet West- und Ostalpen, wobei das Alpenrheintal als Trennlinie gilt, das auch die heutige Grenze zwischen Schweiz und Österreich bildet. Grundsätzlich lassen sich die Alpen aber auch in Nord-, Zentral- und Südalpen gliedern. Die höchsten Bergzüge in den Nordalpen sind die nördlichen Kalkalpen, die sich durch schroffe Felswände und eine klein gegliederte, nicht sehr wasserreiche Almlandschaft hervorheben. Die Zentralalpen hingegen bestehen aus kristallinem Gestein, vor allem Granit und Gneis. Hier zieht von Westen nach Osten der Alpenhauptkamm, die höchste Gratlinie der Alpen. Nur im Osten fächert sich der Alpenhauptkamm in mehrere parallele Gebirgszüge auf, im Süden in die Karnischen Alpen und Karawanken, im Norden in die Hohen und Niederen Tauern. Die Zentralalpen sind durch meist übereinander gestaffelte Hochflächen, so genannte Rumpftreppen, gekennzeichnet. Sie sind reich an Quellen, Bächen, Karseen und Gletschern. In den Südalpen dominieren die südlichen Kalkalpen mit auffallend schroffen Zinnen und Türmen, jedoch auch mit großen Almflächen. Hier fehlt eine Voralpenzone, da die Bergketten nach Süden jäh zur Poebene abfallen.

Die Alpen stellen eine bedeutende Klima- und Wasserscheide in der Mitte Europas dar. Meist bildet der Alpenhauptkamm die Wasserscheide, zum westlichen Mittelmeer mit dem Hauptfluss Rhône, zur Nordsee mit dem Rhein, zum Schwarzen Meer mit der Donau und zum adriatischen Meer mit dem Po. Klimatisch machen sich Einflüsse im Südwest- und Südalpengebiet vom Mittelmeer, am West- und Nordrand der Alpen vom Atlantik und am Ostrand vom inneren Kontinent bemerkbar. Dementsprechend gibt es in den Nordalpen hohe Niederschläge und kühleres Klima, in den Südalpen ein mediterran geprägtes, wärmeres Klima mit unregelmäßigen Niederschlägen und am Ostrand der Alpen ein kontinentales, sommerwarmes und winterkaltes trockeneres Klima.

Interessanterweise waren die inneralpinen Gebiete eher für eine Besiedlung und Bewirtschaftung begünstigt, so paradox dies klingen mag. Da die Wolken von Norden und Süden meist ganz oder weitgehend abgeregnet sind, gibt es hier relativ trockene Regionen. Besonders in den windgeschützten Lagen mit langer Sonnenscheindauer sind die Vegetationsgrenzen bedeutend höher. Genau diese Gunstlage trifft etwa für das inneralpine Rhônetal im Wallis zu.

Nach der Höhenlage können in den Alpen Vegetationsstufen mit Leitpflanzen unterschieden werden, wobei es starke Differenzen zwischen Alpennord- und -südrand sowie den sonn- und schattenseitigen Gebieten im inneralpinen Raum gibt.

Nur am südlichen Rand der Südwestalpen zwischen Drôme und Savona existiert eine Mediterrane Stufe bis zu rund 600 m Seehöhe. Hier gedeihen immergrünes Hartlaub, Steineichen und Olivenbäume.

Am Alpennordrand entspricht die Colline Stufe mit Eichenwäldern und Hainbuchen dieser Höhenlage. Am Alpensüdrand reicht eine Supramediterrane

Die Wasserscheiden im Alpenraum.

Stufe mit Flaumeichen und Hopfenbuchen bis auf rund 1100 m. Es folgt eine Montane Stufe, die am Alpennordrand bis maximal 1500 m, am Alpensüdrand bis rund 1700 m Höhe reicht. Buchenwälder, auch Tannen herrschen hier vor. In inneralpinen, sonnseitigen Bereichen lässt sich die Montane Stufe mit Tannen und Fichten sogar bis auf eine Seehöhe von 1900 m hinauf beobachten.

Die Subalpine Stufe endet nach oben hin mit der Waldgrenze. Am Alpennordrand reicht sie bis maximal 1800 m, im Süden bis höchstens 2000 m. In inneralpinen Sonnenlagen liegt die natürliche Waldgrenze sogar auf bis zu 2400 m Höhe. Vorwiegend kommen Nadelbäume, sonst Birke, Grünerle und Vogelbeere vor.

Darüber befindet sich die Alpine Stufe, deren höchste Zone der Schneegrenze entspricht. Am Alpennordrand ist dies eine Höhe bis maximal 2700 m, am Alpensüdrand bis etwa 2900 m. Auf der inneralpinen Sonnenseite reicht die Alpine Stufe sogar bis 3100 m Seehöhe. In unteren Bereichen wachsen Zwergsträucher, etwa Zwergkiefer (Latschen), weiter oben gedeiht nur mehr Rasen. Die abschließende höchste Vegetationszone ist die Nivale Stufe, die bis in die Region der höchsten Gipfel reicht. Da der dort herrschende Permafrost im Boden am ehesten nur im Sommer geringfügig auftaut, gedeihen nur Flechten, Algen und Moose.

Die alpine Tierwelt ist jedoch sehr vielfältig. In den unteren Bereichen kommen – wie im Flachland – Rehe und Wildschweine vor. In den mittleren und oberen Zonen, also auch im Hochgebirge, finden sich Reliktpopulationen eiszeitlicher Fauna, die in tieferen Landschaften längst verschwunden sind. Man unterscheidet arkto-alpine Verbreitungsarten, deren ursprüngliche Herkunft die baumlosen Tundren waren. Zu den boreo-alpinen Verbreitungsformen zählt jenes Wild, das in Taiga-Gebieten heimisch war.

Kennzeichnend sind also Hirsche, Gämsen, Steinböcke, – heute wieder ausgesetzte – Braunbären und Wölfe, weiter Murmeltiere, Schneehasen, Alpendohlen, Kolkraben, Steinadler, Schneehühner, Luchse, Bart- und Gänsegeier. Einige Tiere besitzen ein dunkles Haar- bzw. Federkleid in der warmen Jahreszeit und eine weiße Tarntracht im Winter, so etwa der Schneehase oder das Schneehuhn. Hier zeigt sich also ein saisonbedingter Dimorphismus.

Kurze Einführung in die alpine Urzeit und Umwelt

Im letzten großen Erdzeitalter, dem Quartär vor rund 1,5 Millionen Jahren, folgten abwechselnd mehrere Eis- und Warmzeiten aufeinander. Das Quartär gliedert sich in das Pleistozän (»das am meisten Neue«) und das Holozän (»das ganz Neue«). Eiszeiten oder Glaziale wurden durch Schwankungen der Sonneneinstrahlung und der Erdbahnen verursacht, was eine Pollage der nördlichen Erdhälfte zur Folge hatte. Diese Eiszeiten, in denen das Inlandeis und die Gletscher in ihrem weiten Vorstoß einerseits Skandinavien, Norddeutschland und die Britischen Inseln, andererseits weitgehend die Alpen bedeckten, dauerten jeweils rund 100 000 bis 130 000 Jahre. Es gab im alpinen Gebiet sechs ausgeprägte Eiszeiten, die nach Flüssen des Alpenvorlandes bezeichnet werden: Biber, Donau, Günz, Mindel, Riss und Würm. Zwischeneiszeiten oder Interglaziale stellten wieder längerfristige Warmzeiten zwischen den Glazialen dar. Aber auch innerhalb der Glaziale lassen sich Warmschwankungen, sog. Interstadiale, feststellen, während die Kältespitzen als Stadiale bezeichnet werden.

In den Eiszeiten wurden die außeralpinen Täler durch die von den Gletschern abfließenden Flüsse aufgeschottert. Das periglaziale Gebiet war wald- und weitgehend baumlos. Im Norden der Alpen herrschte eine tundrenartige Landschaft vor, an die sich eine Löss-steppe (Steppe im eiszeitlichen Flugsandgebiet) anschloss. Im Westen, Süden und Osten der Alpen muss man sich einen nordischen Birken-Kiefer-Wald vorstellen. Am nördlichen Alpenrand und in der Steppe waren Steinbock, Gämse, Murmeltier, Alpenschneehuhn und Schneehase, Schneefink, Moschusochse, Steppenelefant bzw. Mammut, doppelhörniges Nashorn, Höhlen- und Braunbär, Ren, Wolf und Vielfraß heimisch.

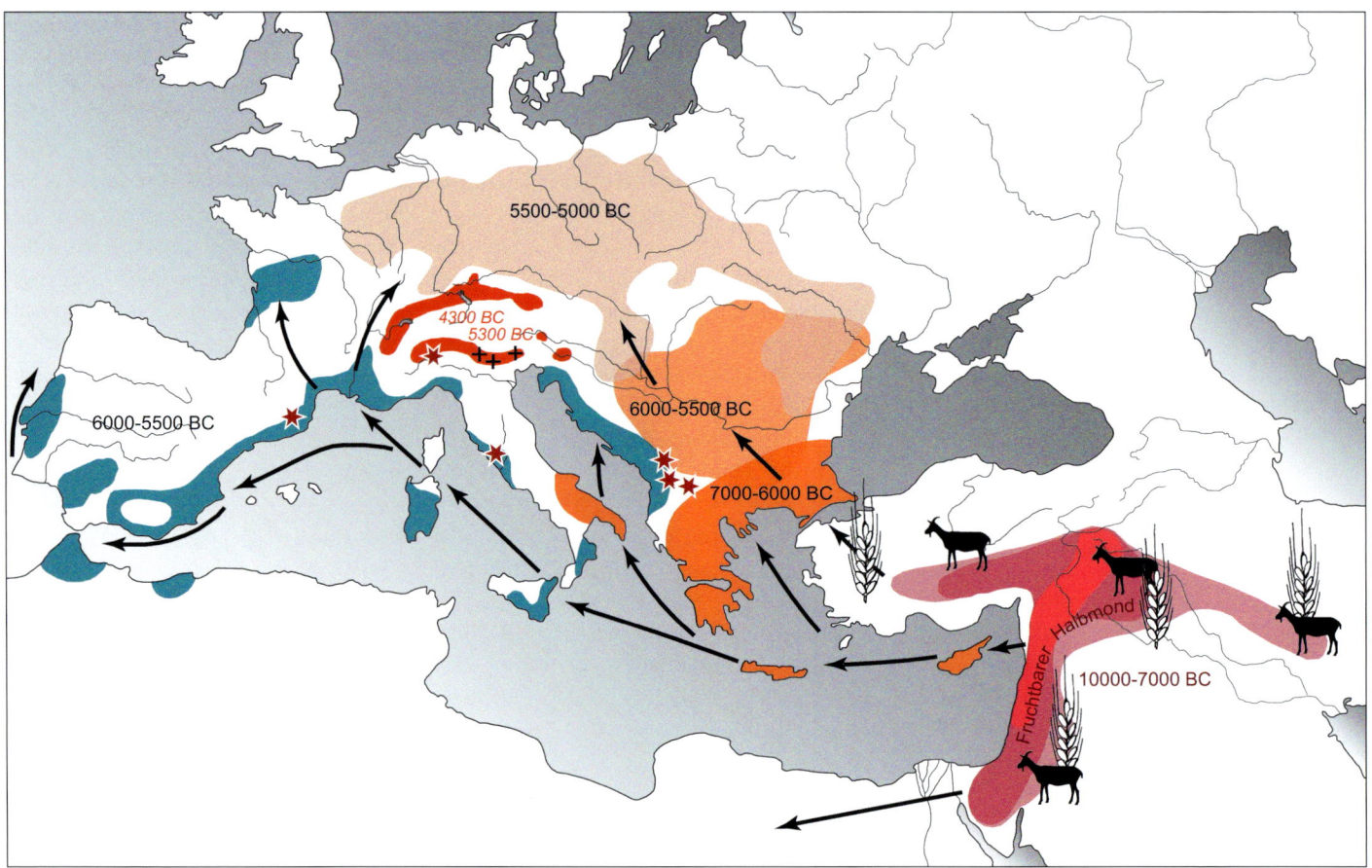

Ausbreitung bäuerlicher Kulturen aus dem Vorderen Orient nach Europa. Der Alpenraum wurde – von einigen regionalen Ausnahmen abgesehen – erst im 5. Jt. v. Chr. davon erfasst.

In den Zwischeneiszeiten, zu denen Europa weitgehend eisfrei war, lebten Wald- und Steppenelefant, Waldnashorn, Riesensäbelzahntiger, Riesenbiber und Biber, Flusspferd, Höhlenlöwe, Steppenbison, Altwisent, Ur (Auerochse), Riesenhirsch, Wildpferd und Elch.

Der erste, der die Abfolge menschlicher Kulturen in Europa richtig erkannt hatte, war Christian Jürgensen Thomsen (1788–1865), der spätere Direktor des Altnordischen Museums in Kopenhagen. 1836 veröffentlichte er seine entscheidende Schrift »Leitfaden zur Nordischen Altertumskunde«, in der er die Urzeit in eine Stein-, Bronze- und Eisenzeit gliederte.

Älteste Funde des Menschen in Europa sind ein- oder zweiseitig zugeschlagene Flusskiesel, so genannte Geröllgeräte, aus dem frühen Altpaläolithikum (ca. 1 Million bis 600 000 Jahre vor heute). Schon häufiger fallen menschliche Spuren in das Mittelpleistozän, das dem späten Altpaläolithikum (ca. 600 000–400 000 vor heute) entspricht. Die nach einem Ort im Département Somme benannte Kultur des Abbevillien zeichnet sich durch massive, dicke, handgroße Faustkeile aus. Sie sind aus einer Feuersteinknolle (Silex) durch grobes Zuschlagen mit einem Stein erzeugt worden, wobei die Matrix, also die Verwitterungsrinde, meist noch an der Oberfläche des Gerätes haften blieb. Die erzielte Arbeitskante verläuft zickzackförmig.

Bereits entwickeltere, entrindete Geräte wurden im Acheuléen (nach Saint-Acheul im Dép. Somme benannt) mit einem Schlagstein oder Schlagholz hergestellt. Die ovalen, später dreieckigen Faustkeile sind nun sorgfältig auf beiden Seiten fein zugeschlagen (retuschiert) und haben gerade verlaufende Schneiden. Träger des Acheuléen ist der Homo erectus (ca. 1 Million–130 000 Jahre v. Chr.), der auch erstmals das Feuer genutzt hat. Der älteste Nachweis für eine Feuerstelle stammt aus der Höhle Šandalja I bei Pula in Istrien und ist etwa eine Million Jahre alt.

In das Jungpleistozän (ca. 130 000–10 000 Jahre v. Chr.) fallen das Mittelpaläolithikum (bis ca. 36 000 v. Chr.), Jungpaläolithikum (bis ca. 17 000 v. Chr.) und Spätpaläolithikum (bis ca. 9600 v. Chr.). In den Warmzeiten des Mittelpaläolithikums (also im letzten Interglazial und in den Würm-Interstadialen) stießen Jägergruppen vom Alpenrand bis ins Alpeninnere vor. Die meist sehr einfach und lokal gefertigten Steingeräte lassen von einem »alpinen Moustérien« sprechen. Für das Moustérien (nach Le Moustier, Dép. Dordogne), dessen Träger der Neandertaler war, sind langschmale oder breite, annähernd dreieckige »Handspitzen«, verschiedene Schaberformen und Klingen mit einer steil retuschierten Kante (Rückenmesser) kennzeichnend. Alle diese Geräte wurden aus Abschlägen von Silexknollen hergestellt.

Der Neandertaler verstand es erstmals, selbst Feuer zu erzeugen. An einigen Fundplätzen sind schwefelhaltige Markasitknollen (kristalline Schwefelkiese) zum Feuerschlagen entdeckt worden. Er lebte in Rundzelten und legte bereits kleine Gräberfelder für die Verstorbenen an.

Das Aurignacien (nach Aurignac, Dép. Haute Garonne) im Jungpaläolithikum ist mit dem Homo sapiens, dem Jetztmenschen, verbunden. Er wanderte in Etappen aus Nordafrika über Vorderasien, Südosteuropa und den Donauraum nach Mittel- und Westeuropa ein. Typisch sind jetzt wieder Abschlagformen wie Kratzer, Stichel, Bohrer oder Kerbklingen. Völlig neu sind Knochenspitzen mit gespaltener Basis, mit denen Speere bewehrt waren.

Die nachfolgenden Kulturen des Gravettien (nach La Gravette, Dép. Dordogne), Solutréen (nach Solutré, Dép. Saône-et-Loire; nur in Westeuropa) und Magdalénien (nach La Madeleine, Dép. Dordogne) verfügen über immer weiter verfeinerte Steingeräteformen und Jagdwaffen. Im Magdalénien etwa treten Harpunen, Speerschleudern oder Nähnadeln auf. Gejagt wurden Mammuts, aber auch Pferde und Rentiere. In den runden oder ovalen Wohnzelten gab es neben den Feuerstellen meist auch Arbeitsbereiche zur Geräteherstellung.

Nach dem letzten Stadial der Würm-Eiszeit kam es mehrfach zu starken Klimaschwankungen. Die Phase der Älteren Dryas (ab 17 000 v. Chr.) war noch sehr kalt. Kräutersteppen, Wacholder und Birken-Weiden-Zwergstauden herrschten am Alpenrand vor. In der warmen Phase Bölling schmolzen die Eisränder aber rasch ab, und mit dem starken Abfluss bildeten sich in den Becken am Alpenrand eine Reihe von Seen, die heute oft noch tief ins Alpeninnere hineinreichen. Die Sommertemperatur stieg auf durchschnittlich 15 °C an. Birken und Kiefern in Form von Zwergsträuchern kamen auf. In der darauffolgenden Mittleren Dryas gab es wieder eine kurze Klimaverschlechterung, in der Phase Alleröd eine besonders starke Erwärmung, in der sich der Wald aus Lärchen, Waldbirken, Kiefern und Zirbelkiefern endgültig ausbreitete. Typisch für diese Zeit war nun eine Tierwelt, die Schatten und Feuchtigkeit liebte, also Elch, Hirsch, Biber, Ur, Dachs, Gämse und Pferd. Die großen Huftierherden der Steppe, aber auch Mammut und Wollnashorn verschwanden. Steingeräte dieser Phase, des späten Magdaléniens, waren kleiner als zuvor, so genannte Mikroklingen, und daher zum Jagen auf Waldtiere besser geeignet.

In der Jüngeren Dryas (11. Jt. und erste Hälfte 10. Jt. v. Chr.) gab es erneut einen allerdings relativ kurzen Klimarückschlag. In Hochlagen wuchsen nur Gräser, in den Tälern standen jedoch weiterhin Bäume, wenn auch keine ausgedehnten Wälder.

Kurze Einführung in die alpine Urzeit und Umwelt

Chr. Geburt	ZEIT-ALTER	KLIMAPHASEN	STUFEN	KULTURPERIODEN	
800	HOLOZÄN	Subatlantikum (Buchenzeit)	PRODUZIERENDE WIRTSCHAFT	Jüngere Eisenzeit	Latènezeit/
				Ältere Eisenzeit	Hallstattzeit
				Bronzezeit	
2200		Subboreal (Eichen-Haselzeit)			
3400					Kupferzeit
4500		Jüngeres Atlantikum		Neolithikum	
5000		Atlantikum (Eichenmischwald-Haselzeit)			
			MESOLITHIKUM KULTUREN	Spätmesolithikum	
6000		Älteres Atlantikum			
8000		Boreal (Kiefern-Haselzeit)		Frühmesolithikum	
9600		Präboreal (Kiefernzeit)			
12 000	JUNGPLEISTOZÄN Würm-III-Glazial	Jüngere Dryas (kälter) Alleröd (wärmer) Mittlere Dryas (kälter) Bölling (wärmer)	SPÄT-PALÄOLITHIKUM	Magdalénien	Stielspitzen-gruppen
17 000		Ältere Dryas (Kalt-Phase)			Solutréen
			JUNG-PALÄOLITHIKUM BEUTER-	Gravettien	
		II/III-Interstadial			
				Aurignacien	
ca. 36 000		II-Glazial	MITTELPALÄOLITHIKUM	Alpines Moustérien	
		I/II-Interstadial			
ca. 73 000		Würm-I-Frühglazial		Moustérien	
				Alpines Moustérien	
ca. 130 000		Riss-Würm-Warmzeit			
	MITTELPLEISTOZÄN	Riss-Eiszeit	ALTPALÄOLITHIKUM WILD-	Acheuléen	
				Abbevillien	
ca. 425 000		Mindel-Riss-Warmzeit			

Zeittafel: Klimaabschnitte und Kulturperioden in Mitteleuropa.

Das Mesolithikum fällt bereits in das Holozän. Man unterscheidet ein Frühmesolithikum (ca. 9600–6000 v. Chr.) von einem Spätmesolithikum (im Alpenraum ca. 6000–4500 v. Chr.), das im Alpenraum meist später als im übrigen Mitteleuropa und hier auch wieder nicht zeitgleich endet, bevor sich bäuerliche Lebensformen durchsetzen.

Klimatisch kam es mit dem Präboreal (ca. 9600–8000 v. Chr.) zu einer kräftigen Erwärmung, wenngleich die Temperaturen noch immer unter den heutigen lagen. Birken und Kiefern bildeten erste größere Wälder. Im Boreal (ca. 8000–6000 v. Chr.) stieg die Temperatur weiter an. Die Januar- und Juli-Werte entsprachen etwa den jetzigen. Dank der Klimaverbesserung konnte der Mensch nun während des Sommers über die großen Täler weit in Hochgebirgsregionen vordringen und dort jagen.

Typische Geräte des Frühmesolithikums sind geometrische Mikrolithen in Form von halbkreisförmigen Segmenten, Dreiecken und Mikrospitzen. Im nachfolgenden Spätmesolithikum existieren hingegen trapezförmige Mikrolithen.

Mit dem Atlantikum (ca. 6000–3400 v. Chr.) wurde es bei zunehmenden Niederschlägen noch wärmer. Dieses feucht-warme Klima begünstigte die Ausbreitung von Eichenmischwäldern mit Eiche, Ulme, Linde, Esche und Haselnussbaum. Bald nach Beginn dieser Klimaphase begann der Mensch im mitteleuropäischen Flachland mit Ackerbau und Viehzucht, im Alpenraum jedoch meist deutlich später. Typisch für das nun bäuerliche Neolithikum war eine sesshafte Lebensweise mit oft großen Pfostenbauten, gebrannter Gefäßkeramik und geschliffenen Großgeräten aus Stein.

In einem jüngeren Abschnitt des Neolithikums, in der Kupferzeit (ab Ende 5. Jt. v. Chr.), wurde erstmals Kupfer abgebaut, um daraus kleinere Waffen wie Dolch und Beil, aber auch Schmuck herzustellen – alles Objekte, die eher Prestigecharakter besaßen. In der Kupferzeit fanden auch einige entscheidende Innovationen statt, z. B. die Benutzung von Pflug und Rad, der Einsatz von Zugtieren oder die Einführung der Hochweidewirtschaft.

In der Bronzezeit (2200–800 v. Chr.) setzte sich eine neue Legierung aus Kupfer und Zinn (Bronze) durch. Und bereits gegen Ende der frühen Bronzezeit setzte in den Alpen ein umfangreicher untertägiger Abbau von Kupfererzen ein. Die Gewinnung, Aufbereitung und Verhüttung der Erze, die metallurgische Verarbeitung von Kupfer und Bronze sowie der weiträumige Handel mit Kupfer- und Bronzegegenständen führte zur Entstehung unterschiedlicher Spezialisierungen und Berufe sowie zu einer starken Arbeitsteilung neben einer rein bäuerlichen Bevölkerung. Aus dem harten Metall Bronze konnten nun auch größere und wirksamere Geräte und Waffen erzeugt werden. Klimatisch stellt diese Zeit des späten Subboreals (3400–800 v. Chr.) eine noch immer warme, aber eher trockene Phase dar.

Mit der Eisenverarbeitung zu Beginn der Eisenzeit (ca. 800 bis Christi Geburt) wurden weitere Verbesserungen möglich. Eisen kommt fast überall in den Alpen vor, sodass dieser Rohstoff nahezu von jeder Gemeinschaft selbst abgebaut werden konnte. Allerdings sind für Verhüttung und Schmieden hohe technische Kenntnisse erforderlich, die nicht überall gleichzeitig Eingang fanden.

Kennzeichnend für diese letzte urgeschichtliche Periode in Mitteleuropa und den Alpen waren besonders intensive Kontakte mit mediterranen Kulturen, wie v. a. Venetern, Etruskern und Griechen. Dabei wurde auch die schnell drehende Töpferscheibe übernommen, sodass erstmals eine Serienproduktion von Gefäßen möglich war. Damit einhergehend entstand ein eigener Berufszweig, das Töpferhandwerk. Später kamen noch die Schrift und die für eine Geldwirtschaft notwendige Münzprägung hinzu. Über die Alpen führten mehrere viel benützte Transitstrecken des Fernhandels aus dem Süden nach Norden. Davon profitierten die vor Ort lebenden Gemeinschaften besonders dort, wo sie selbst Rohstoffe und Waren anbieten konnten, z. B. in Hallstatt und am Dürrnberg, wo Salz abgebaut wurde und in den Tauschhandel gelangte. In der späten Eisenzeit, der Latènezeit, spielte dann etwa auch die Qualität des norischen Eisens im südlichen Ostalpengebiet eine größere wirtschaftliche Rolle. Jedenfalls wurde es in bedeutendem Umfang nach Italien exportiert.

Das Klima der Eisenzeit, des Subatlantikums, war feucht-kalt und erst um die Zeitenwende wieder wärmer und trockener.

Frühe Jäger und Sammler

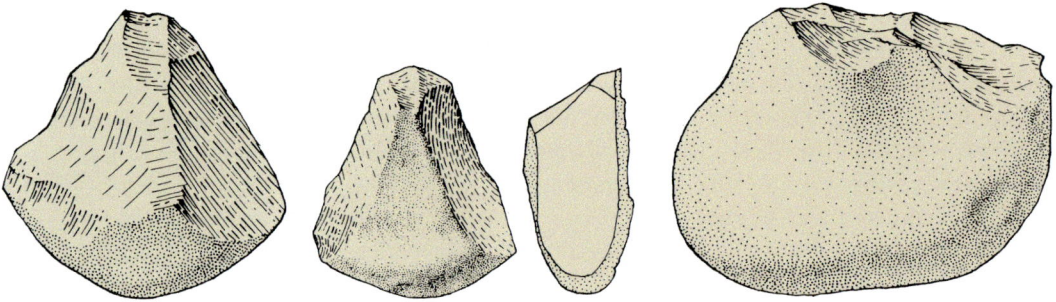

Geröllgeräte aus der Grotte du Vallonet an der Côte d'Azur (Frankreich). Maßstab ca. 1:2. 1 000 000 bis 700 000 vor heute.

Älteste Spuren des über Eurasien aus Afrika eingewanderten Homo erectus finden sich an der französischen Riviera bei Roquebrune-Cap-Martin am Südrand der Seealpen in der Grotte du Vallonet. Der Lagerplatz mit einfachen Geröllgeräten datiert wohl ins beginnende Altpaläolithikum. An Hirschgeweihsprossen zeigten sich teils Abnutzungen, was auf ihre Verwendung als Geräte hindeutet. Unter den Tierknochen waren vor allem solche von alten Dickhäutern, nämlich Elefanten und Nashörnern. Sehr wahrscheinlich handelt es sich um Tiere, die leichter erlegbar, krank oder schon verendet waren.

Bereits aus der Zeit um 380 000 vor heute, das entspricht dem Mindel-Glazial, haben wir genauere Informationen über die Jagd- und Siedlungsweise von späteren Vertretern des Homo erectus. Der Jagdlagerplatz Terra Amata lag ursprünglich am Strand, heute befindet er sich rund 26 m oberhalb des Meeresspiegels am ansteigenden Ostrand der Stadt Nizza. 21 Siedlungshorizonte wurden übereinander entdeckt. Dabei ist interessant, dass die Hütten immer wieder am selben Platz nahe einer Wasserquelle angelegt wurden. Wie Pflanzenpollen in versteinerten Exkrementen belegen, hielten sich die Menschen hier jeweils im Frühjahr oder Frühsommer zur Jagd auf. Die Hütten waren aus teils zugespitzten Ästen errichtet und eng nebeneinander, vielleicht auch ineinander verflochten, in den Boden gesteckt worden. Ein größerer Hüttengrundriss mit Feuerstelle im Innern konnte vollständig untersucht werden. Am Rand der Hütte lagen Steinbrocken, die die Wand aus Zweigen schützen sollten.

Man jagte vor allem Elefanten, aber auch Hirsche; meist Jungtiere, die leichter zu erlegen waren. Die Steingeräte lassen sich dem Altacheuléen zuordnen. Es handelt sich um noch sehr grob und unregelmäßig zugeschlagene Faustkeile, die in Kerntechnik hergestellt wurden. Dabei hat man von einem Feuersteinrohling Späne mit einem Druckstab aus Holz oder Knochen bzw. einem Schlagstein abgesprengt, um aus dem Kernstück das gewünschte Gerät zu formen. Dieses wurde dann durch Retuschieren an der Oberfläche und an den Kanten zugerichtet und geschärft.

Von Terra Amata fehlen Hinweise, wie die Elefanten und Hirsche gejagt wurden. Sehr wahrscheinlich dienten hölzerne Stoßlanzen als Jagdwaffe. Der bisher älteste Nachweis dafür stammt aus Stuttgart-Bad Cannstatt, wo zusammen mit Elefantenknochen ein 2,2 m langer Ahornstab aus der Zeit vor 370 000 Jahren entdeckt wurde. Die Handhabung veranschaulicht ein Befund im niedersächsischen Lehringen, wo

Grotte du Lazaret bei Nizza. Aquarell mit Ansicht der Höhle im frühen 19. Jh. – Profilschnitt durch Höhleneingang. Die hier braun eingefärbten Kulturschichten C I–C III enthalten Steingeräte und andere Funde des Acheuléen aus der Zeit von 170 000 bis 130 000 vor heute.

Frühe Jäger und Sammler | 17

Rekonstruktion einer altpaläolithischen Zweighütte am Meeresstrand in Terra Amata bei Nizza. Um 380 000 vor heute.

im Brustbereich eines fast vollständig erhaltenen Waldelefantenskelettes eine rund 2,3 m lange Eibenholzlanze mit feuergehärteter Spitze steckte. Dem Elefanten wurde die Lanze also schräg von vorne in die Brust gestoßen, wonach das schwer verwundete Tier in einen See flüchtete. Dieses Ereignis fand vor rund 120 000 Jahren während des letzten Interglazials statt.

Großsäugern lauerte man wohl ähnlich wie noch vor Kurzem in Afrika an Fluss- und Seeufern auf.

Auch Fallgruben kommen für die Erbeutung in Frage, wie typische Knochenbrüche von Alt- und Waldelefanten im Ilmtal bei Weimar (Thüringen) zeigen.

Ein weiterer wichtiger Fundort in Nizza ist die Grotte du Lazaret, eine 40 m lange und maximal 20 m breite Höhle. Die Fundschichten datieren im Wesentlichen in die Kaltzeit des Riss-Glazials zwischen 170 000 und 130 000 Jahren. Knapp hinter dem Eingang der Höhle, die damals etwa 50 m über dem Meer lag, wurden die steilverkeilten Pfostensetzungen einer 11 m langen und 3,5 m breiten Hütte gefunden, die in der zugigen und nassen Höhle besseren Schutz bieten sollte. In ihren beiden unterschiedlich großen Innenräumen gab es je eine Feuerstelle. Die Hütte bot etwa zehn Menschen Platz. Kleine Muscheln und Tang lassen eine Schüttung aus Seegras annehmen. Darauf lagen Felle von Wolf, Luchs, Fuchs und Panther, wie Krallen und Knöchelchen von Pfoten dieser Tiere belegen.

Die Höhle dürfte nur im Winter aufgesucht und bewohnt worden sein. Dafür sprechen Reste erlegter, nur fünf Monate alter Steinböcke. Auch Knochen von Hase, Gämse, Hirsch, Wolf, Wildkatze, Ur, Pferd und Elefant wurden entdeckt.

Im mittleren Murtal in der Steiermark, am Ostrand der Alpen, sind mehrere Höhlen bekannt, in denen sich Menschen der letzten Eiszeit während der wärmeren Jahreszeit aufgehalten haben. So wurde kürzlich die Repolusthöhle bei Peggau auf der Nordseite des Badlgrabens, eines Nebentales der Mur, genauer

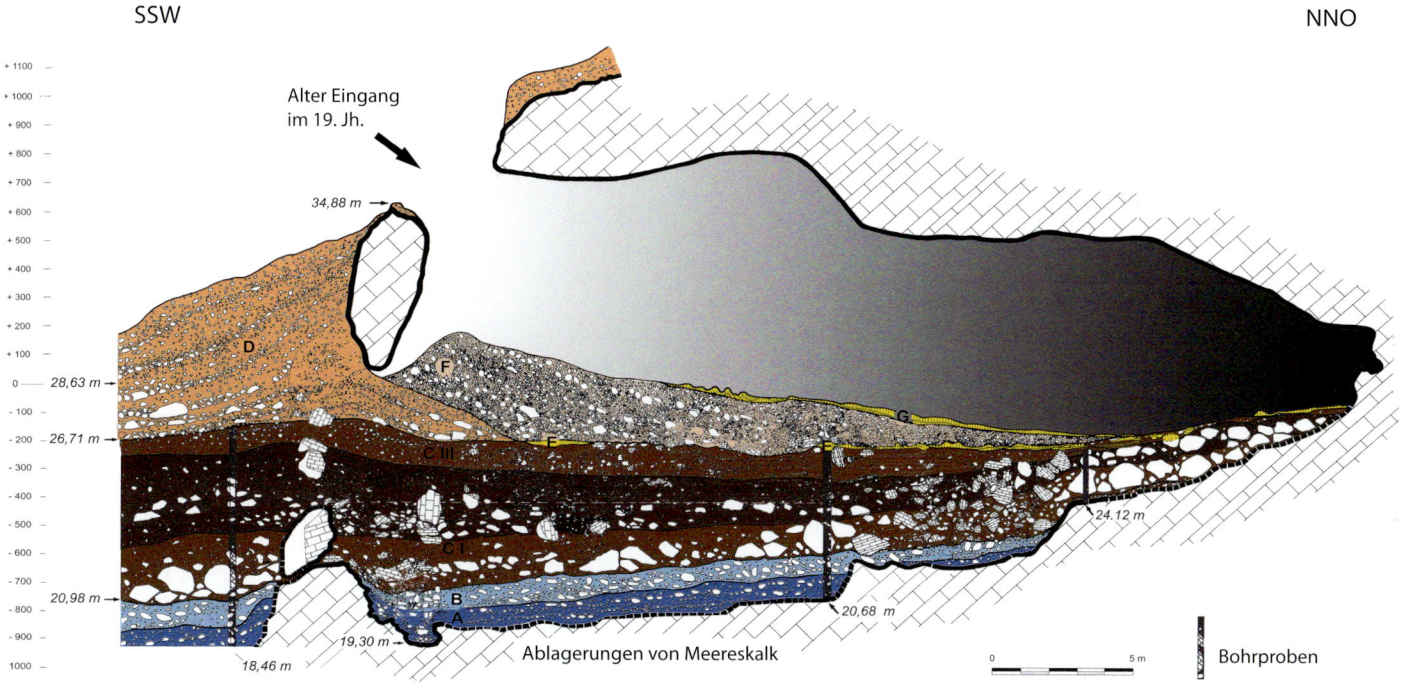

Frühe Jäger und Sammler

Repolusthöhle bei Peggau (Steiermark). Im Bild der lange Innengang, wo die meisten Steingeräte gefunden wurden. Im Hintergrund befand sich ein tiefer Schacht mit weiteren Steinwerkzeugen und Speiseabfällen.

Rechts die Eingänge der rund 35 m tiefen Repolusthöhle. Der Höhlenvorplatz hatte eine günstige Sonnenlage und wurde tagsüber sicher als Arbeits- und Aufenthaltsplatz genützt.

Frühe Jäger und Sammler | 19

Abschlaggeräte aus der Repolusthöhle bei Peggau (Steiermark). 85 000 bis 40 000 vor heute.

erforscht. Die Höhle liegt knapp unterhalb einer Quelle, ist 35 m tief und wies zwei Kulturschichten auf, die etwa zwischen 85 000 und 40 000 v. Chr. datieren. Offensichtlich lebten hier Menschen in wärmeren Phasen der Würm-Eiszeit.

Aus der Höhle sind über 2000 Steinartefakte aus Quarzit und Hornstein bekannt. Darunter meist grob zugeschlagene breite Klingen, Keilmesser und Schaber, die in Moustérien-typischer Abschlagtechnik hergestellt wurden. Wie geochemische Analysen beweisen, stammen die Quarzite aus Schotterböden der Mur, der grauweiße Plattenhornstein aus einer 11 km entfernten Lagerstätte in einem Talbecken bei Rein nördlich von Graz. Im Neolithikum wurden die Hornsteinschichten sogar grubenartig abgebaut.

Zu den gejagten Wildtieren zählen Steinbock und Wolf; von Letzterem wurde ein durchbohrter Schneidezahn als Anhänger gefunden. Höhlenbärenknochen in der Repolusthöhle sind wohl Tieren zuzuschreiben, die sich zum Winterschlaf in die Höhle zurückgezogen hatten und dort verendet waren. In der älteren Forschung wurde noch die Ansicht vertreten, der Mensch hätte Höhlenbären während deren Winterschlaf getötet. Aufgrund der hohen Schneelage, aber auch der Gefährlichkeit sehr großer Höhlenbären selbst während der Winterruhe ist eine Jagd auf diese Tiere jedoch kaum anzunehmen. Außerdem fehlen bisher Nachweise für eindeutige Verletzungen an Schädeln oder anderen Höhlenbärenknochen.

Während der Warmzeit im letzten Interglazial und den wärmeren Phasen der Würm-Eiszeit (vgl. Tabelle) bewohnte der Mensch bei der Hochwildjagd auch Höhlen im Inneren der Alpen, beispielsweise das Schnurenloch und das Chilchli im Simmental (Berner

Oberland), das Wildmanlisloch am Selun, das Wildkirchli am Säntis, das Drachenloch oberhalb von Vättis, die Herdengelhöhle im Toten Gebirge oder die Ramesch-Knochenhöhle in den Ennstaler Alpen. In diesen Höhlen wurden meist Feuerstellen und sehr einfache Geräte aus örtlichem Felsgestein entdeckt. Da die Artefakte oft an Ort und Stelle nur grob aus Kalkstein oder Quarzit zugeschlagen und kaum retuschiert sind, bezeichnet man diesen Fundbestand als »alpines Moustérien«. Zu den Jagdtieren gehörten bevorzugt Steinbock und Murmeltier.

Im Jungpaläolithikum ab etwa 36 000 v. Chr., in der Zeit des Homo sapiens, überrascht die rasante Weiterentwicklung des Steingeräteinventars sowie der Gerätschaften aus Elfenbein, Knochen und Geweih. Bei der nun auffallend großen Formenvielfalt sind Schmalklingen typisch, die auch in Holz-, Knochen- oder Geweihschäftungen eingesetzt werden konnten. Zudem gibt es eine Reihe neuer oder weiterentwickelter Waffen.

Beispiele dafür liefert die 40 m tiefe und bis zu 8,5 m hohe Tischoferhöhle (»Die Schäferhöhle«) am Fuße des Wilden Kaisers südlich von Kufstein im Inntal. Von den beiden Kulturschichten lässt sich die jüngere mit Spuren einer Kupfer- und Bronzewerkstätte sowie 30 Bestattungen der frühen Bronzezeit zuschreiben. Die untere und ältere Kulturschicht enthält Knochen von späteiszeitlichen Wildtieren, die der Mensch gejagt hat: Steinbock, Gämse, Wolf und Rentier. Typisch für die Kultur des Aurignacien sind hier 8 bis 40 cm lange, zum Teil an der Basis gespaltene Knochenspitzen von Höhlenbär und Hyäne, mit denen Speere besetzt waren. Eine Radiokarbondatierung stellt das Fundensemble in die Zeit um 26 000 v. Chr.

Ab dem 25. und 24. Jt. v. Chr. musste sich der Mensch erneut lange aus dem Gebirgsraum zurückziehen, da die Alpen während einer tiefgreifenden Klimaverschlechterung wieder vergletscherten. Nur am Rande der Alpen war Wohnen und Jagen weiterhin möglich.

Neben dem Speer als Jagd- und Kriegswaffe gab es spätestens in der darauffolgenden Kultur des Gravettien Pfeil und Bogen. Dies belegen die nun typischen kleinen Blatt-, Kerb- und Stielspitzen aus Silex, die als Pfeilbesatz dienten. In Mannheim-Vogelsang wurde ein 37 cm langer Kiefernholzstab mit hakenförmigen Enden gefunden, der einen Bogen darstellen dürfte. Allerdings gehört er bereits dem frühen Magdalénien an.

Mit Pfeil und Bogen jagte man Steinböcke und Gämsen, im Spätpaläolithikum die nun häufiger vorkommenden kleineren Tiere wie etwa Schneehasen bzw. Vögel wie Schneehuhn, Kranich, Gans und Ente. An den Knochen dieser Tiere wurden immer wieder Einschüsse und Verletzungen entdeckt, die auf Pfeil- und Bogenjagd hindeuten. Hirsche und Rentiere sind aber wahrscheinlich zunächst weiterhin mit Speeren und im Magdalénien wohl meist mit Wurflanzen, auf denen Knochenharpunen steckten, erlegt worden. Diese Harpunen besaßen zuerst Einsätze aus Steinklingen, seit Mitte des 12. Jt. wurden dann meist Zinken aus dem Knochen herausgeschnitten. Traf der Jäger das Wild mit seinem Speer, löste sich die an einer Schnur am Holzschaft befestigte Harpune und blieb im Tierkörper stecken. Solche Wurfspeere konnten mit einer Speerschleuder, einem Propulsor, der vorne einen Haken zum Einsetzen des Speeres aufwies, geworfen werden. Speerschleuder und Harpunen treten jedenfalls gleichzeitig auf. Möglicherweise kannte man aber auch Wurfschlingen oder Lassos, wie Felsbilder in Südfrankreich vermuten lassen.

Unter den Tierknochen erlegter Rentiere an magdalénienzeitlichen Lagerplätzen am Alpenrand fällt auf, dass ältere Tiere und Bullen fast vollständig fehlen. Wahrscheinlich wurden Hetzjagden auf Renherden veranstaltet, bei denen meist nur jüngere Tiere auf der Strecke blieben und getötet werden konnten.

Durchbohrter Wolfszahn aus der Repolusthöhle.

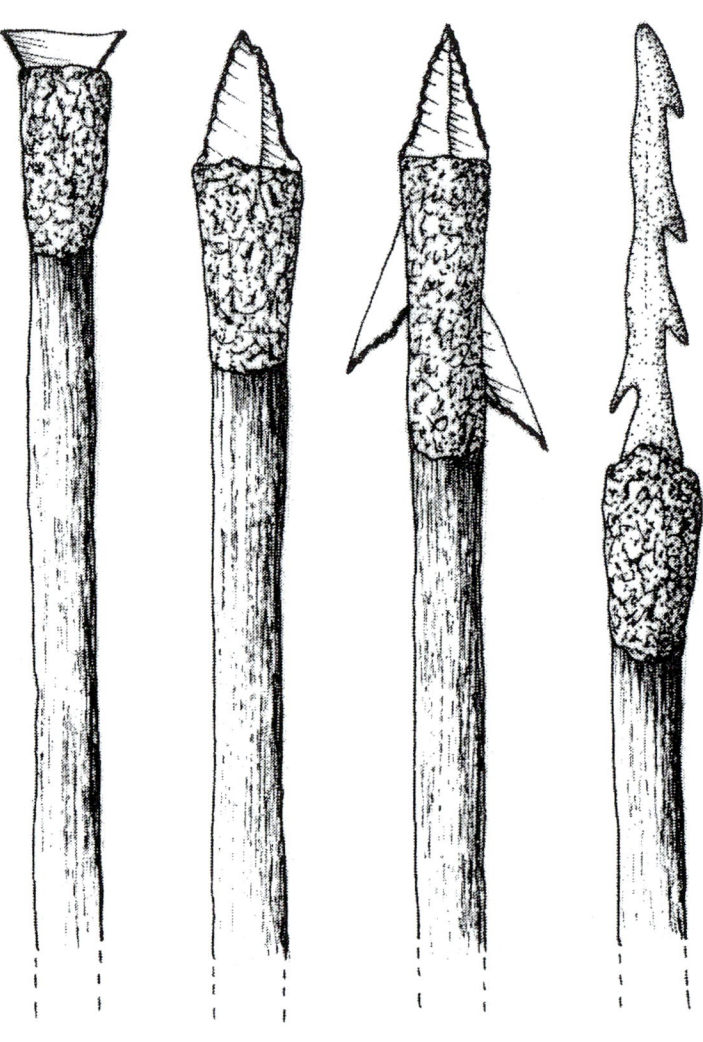

Frühe Jäger und Sammler | 21

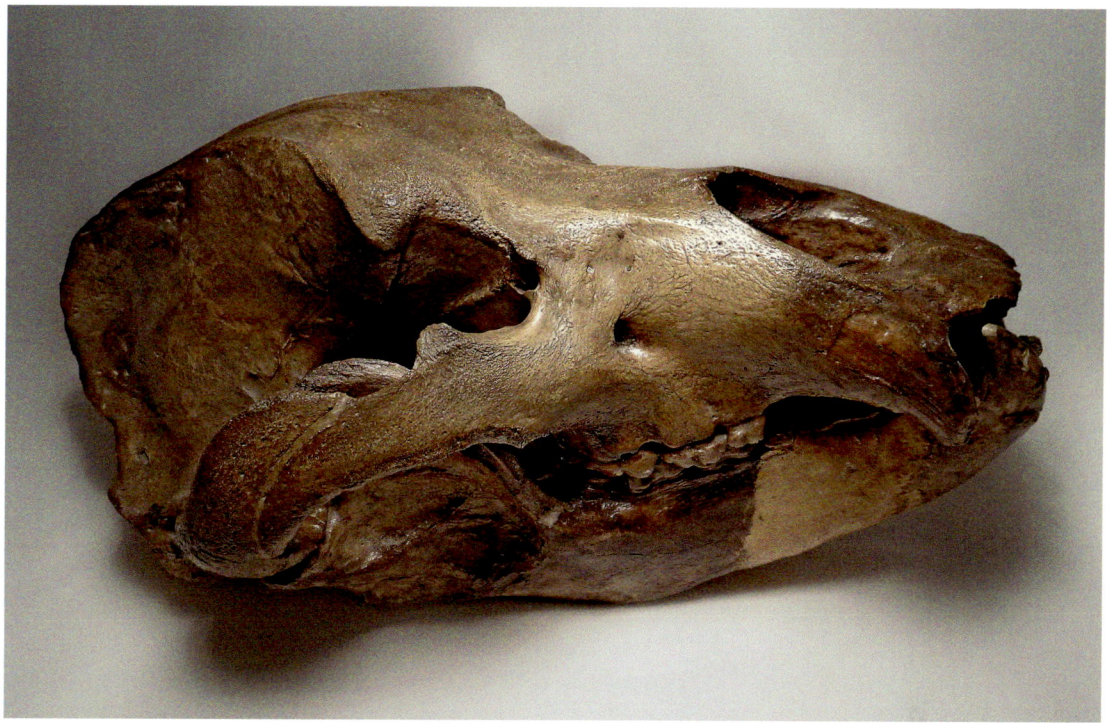

Schädel eines Höhlenbären aus der Drachenhöhle bei Mixnitz (Steiermark). Ca. 25 000 v. Chr.

Es ist nicht auszuschließen, dass der Hund bereits im Spätpaläolithikum Jagdhelfer des Menschen in den Alpen war, obwohl Belege dafür fehlen. Ein früher Nachweis für den Hund als menschlichen Gefährten ist aber beispielsweise durch eine Doppelbestattung in Bonn-Oberkassel aus der Zeit um 11 000 v. Chr. bekannt. In diesem Grab wurde auch ein Hund beigesetzt.

Eine wichtige Nahrungsquelle der steinzeitlichen Wildbeuter stellten wild wachsende Früchte und Beeren dar. Sicherlich wurden auch Pilze, Kräuter und Wurzeln gesammelt und ausgegraben. Heute noch verwenden die Inuit, Jägergruppen in Nordamerika, viele Pflanzen als Nahrungs- und zugleich als Heilmittel, wie z. B. Beifuß, Sauerampfer oder Spitzwegerich. Am Ende der Eiszeit wuchsen solche Pflanzen am Rande der vergletscherten Zonen und sind gewiss auch konsumiert worden.

Mit der endgültigen Erwärmung im Präboreal seit dem 10. Jt v. Chr. setzte eine Wiederbewaldung aus den Tälern bis weit hinauf in die Montane Zone ein. Auch oberhalb der Waldgrenze bildeten sich Grasmatten und Almen. In die Wälder zogen nun Rothirsch und Reh, im Hochgebirge Steinbock, Gämse, Murmeltier und Bär ein. Der Mensch folgte dem Jagdwild tief in die Alpentäler und auf die Höhen. Die dichte Bewaldung in den Niederungen behinderte aber eher eine erfolgreiche Jagd, was die Jäger bewog, schon im Frühsommer hinauf in waldfreie Almregionen zu ziehen. Hier war der Wildwechsel gut zu beobachten, und man konnte den Tieren bei den Tränken an Bergseen oder Bächen nachstellen. Die Lager befanden sich etwas oberhalb der Waldgrenze und oft im Schutz von überhängenden Felsen oder auf Übergängen.

Aus dem Alpeninnern sind jedoch nur einige wenige Talstationen aus dem Spätpaläolithikum bekannt, etwa in Marsöl bei Chur, wo am Talrand auf rund 600 m Seehöhe ein Jägerlager mit Artefakten aus Radiolarit und Bergkristall gefunden wurde. Die mittels Radiokarbonmethode datierten Holzkohlereste weisen noch in das 11. Jt. v. Chr.

Die wichtigsten Jagdwaffen im darauffolgenden Mesolithikum (ca. 9600–4500 v. Chr. im Alpenraum) bestanden nunmehr aus Pfeil und Bogen sowie der geschäfteten Knochenharpune. Die Pfeile wurden mit besonders kleinen, geometrisch geformten Flintspitzen, so genannten Mikrolithen, besetzt. Systematische Erforschungen von Jägerstationen in den letzten Jahrzehnten zeigen, dass einzelne Jägergruppen weitreichende Kontakte besaßen, um an gutes Rohmaterial für ihre Feuersteingeräte zu gelangen. So wurde am Ullafelsen im Fotschertal in den nördlichen Stubaier Alpen (Tirol) auf rund 1500 m Höhe ein Basislager von Jägern entdeckt, wo die Silexrohstoffe für die Mikrolithen sowohl aus süd- als auch nordalpinen Gebieten stammen. Die Funde datieren in das zweite Drittel des 8. Jt.

Ein typischer hochalpiner Lagerplatz ist Mondeval de Sora im Val Fiorentina in den Dolomiten (Prov. Belluno). Er lag auf 2150 m Höhe unter dem Vorsprung eines großen, abgestürzten Felsblockes. Es lassen

Typische Pfeil- und Wurfwaffen des späten Mesolithikums im Alpenraum.

Gebirgsraum von Mondeval (Provinz Belluno, Italien), wo mehrere Jagdstationen des Mesolithikums entdeckt und erforscht wurden.

Mondeval de Sora. Rekonstruierte Beisetzung eines mesolithischen Jägers nach dem Grabbefund.

sich zwei mesolithische Nutzungsphasen unterscheiden, in denen saisonal Hirsche und Steinböcke gejagt wurden. Interessant ist eine Bestattung aus der jüngeren Schicht, die um 7300 v. Chr. datiert. In einer mit Steinplatten abgedeckten Grube war ein 40-jähriger Mann beigesetzt worden. Bei seiner rechten Hand lag eine Kugel aus Bienenwachs, was unter anderem belegt, dass Honig wilder Bienen gesammelt wurde. Auf der Brust und zwischen den Knien befanden sich zwei Spitzen aus Elchknochen, beim linken Oberarm 21 Silexgeräte, mehrere Spitzen und Pfrieme, eine zweireihige Harpune aus Bein und zusätzlich zwei durchbohrte obere Eckzähne eines Hirschs (Hirschgrandeln). Bei der linken Hand des Toten lagen mehrere Feuersteinklingen und ein Eberzahn, die wahrscheinlich in einer Ledertasche aufbewahrt waren. Bedeckt war der Tote mit Hirschgeweihstangen.

Erst kürzlich ist ein spätmesolithischer Rastplatz auf 2050 m Höhe im hinteren Ötztal oberhalb von Vent untersucht worden. Ein überhängender Felsen, der so genannte Hohle Stein, liegt auf einer kleinen Hangterrasse eines steilen Bergabfalls, wo zwei enge Hochtäler zusammentreffen. Vor dem Felsdach wurden Spuren mehrerer Feuerstellen und regelmäßige Konzentrationen kleiner Steine gefunden. Hier standen verkeilte Stangen, die schräg zum Felsen in den Boden gesteckt waren und einen Windschirm bildeten. Zu den Steinartefakten zählen lamellen- und trapezförmige Pfeilspitzen, ebenso Schaber, Kratzer und Bohrer. Außerdem fielen zahlreiche Feuersteinsplitter auf, die bei der Herstellung von Geräten aus lokalem und südalpinem Radiolarit abgefallen waren.

In den unteren Bergregionen wurden manchmal auch Höhlen als Standplätze das ganze Jahr über bewohnt. Funde aus der Zigeunerhöhle bei Gratkorn im mittleren Murtal am Ostrand der Alpen sind in frühmesolithische Zeit zu stellen. Knochen von Rothirsch zeigen das Hauptjagdwild an, das man mit Harpunen erlegte. Ein Angelhaken aus Knochen weist auf Fischfang in der Mur hin.

Weitere mesolithische Talstationen wurden vor allem unter Felsüberhängen entdeckt. Diese das ganze Jahr über bewohnten Lager kennen wir an der Salzach, Saalach oder im Alpenrheintal, wo Felswände vom Fluss muldenförmig ausgewaschen sind. In einer

Hohler Stein: Schaber, Kratzer und Bohrer aus Feuersteinabschlägen.

Der Hohle Stein im hinteren Ötztal (Nordtirol). Im 6. Jt. v. Chr. wurde der Überhang als Dach genützt und die offene Seite mit Zweigen und Stangen verschlossen.

solchen Felsnische, der Krimmenbalme in Koblach, lagen spätmesolithische Steingeräte und Knochen von Bison, Braunbär, Steinbock, Hirsch, Gämse, Wolf, Reh, Biber, Marder, Wildkatze und Sumpfschildkröte. Auch Fischotter und Fische wurden erbeutet.

Sicherlich gab es auch ganzjährige Freilandlager im Talbereich, die ohne Felsschutz auskamen und aus Hütten bestanden. Doch sind sie vom Wasser der Flüsse später wohl meist zerstört oder von Bergschutt hoch überlagert worden.

Ackerbauern und Viehzüchter

Frühe Neolithisierung des Alpenraumes

In Mitteleuropa und im Alpenraum gab es nie wildwachsendes Getreide. Wildrinder aber lebten in freier Natur wie z. B. Ur oder Auerochse sowie auch Wildschweine. Doch die mit den ersten Bauern auftretenden Hausrinder und -schweine unterscheiden sich sehr deutlich von den heimischen Wildformen.

Heute ist unbestritten, dass Ackerbau und Viehzucht aus dem Gebiet des »Fruchtbaren Halbmondes« im Vorderen Orient und Anatolien über Südosteuropa nach Mitteleuropa gelangt sind. Einer der Hauptwege verlief über den Balkan in das Karpatenbecken und von dort die Donau aufwärts, ein anderer entlang der adriatischen und westmediterranen Küsten. Aus diesen Gebieten erreichten landwirtschaftliche, also neolithische Wirtschaftsformen Binneneuropa und auch die Alpen (Abb. S. 12). Das Neolithikum zeichnet sich neben Ackerbau und Viehzucht im Wesentlichen durch Sesshaftigkeit und feste Wohnbauten aus. Dazu kommen als weitere Merkmale gebrannte Gefäßkeramik und geschliffene Großsteingeräte.

Im Alpenraum kennen wir erste Spuren einer noch sehr einfachen bäuerlichen Lebensform aus dem Schweizer Mittelland, dem Wallis und Trentino sowie aus Nordtirol, Oberbayern und Salzburg. Es handelt sich allerdings nicht um archäologische Nachweise wie etwa Siedlungen, sondern um Pollenspektren aus Feuchtböden, die Getreideanbau seit dem Ende des 7. Jt. anzeigen. Wahrscheinlich fassen wir damit Enklaven, wo mesolithische Wildbeuter oder auch Einwanderer aus dem mediterranen Gebiet kleine Getreidefelder angelegt, aber noch keine Tonware angefertigt hatten. Man könnte daher von einem präkeramischen Neolithikum sprechen.

Um 5800 v. Chr. etablierte sich in der Franche-Comté, im Französischen und Schweizer Jura, im Schweizer Mittelland, im Bodenseeraum und weiter nördlich im Rhein-Neckar-Gebiet die La-Hoguette-Kulturgruppe, die schon ausgeprägte neolithische Züge aufwies: Ackerbau und Viehzucht, vor allem Rinder, sowie Tongefäße. Allerdings ist der Anteil von Haustieren gegenüber den Wildtieren noch sehr gering. Im bayerischen und österreichischen Donauraum hingegen kam um etwa 5600 v. Chr. die nach ihrer typischen Linienverzierung auf der Tonware benannte bandkeramische Kultur auf. Die Träger dieser Kultur sind nach neueren mitochondrialen DNA-Untersuchungen an Bestatteten nicht mit den einheimischen Mesolithikern verwandt, sondern allmählich aus Südosteuropa über den Balkan und den Karpatenraum eingewandert. Ob eine Einwanderung auch für die La-Hoguette-Kulturgruppe gilt, ist noch ungeklärt. Diese vereint sowohl mediterran-bäuerliche Einflüsse als auch jägerische Elemente aus Zentralfrankreich.

Innerhalb der Alpen kam es dann allerdings im Wallis, im Tessin sowie im Alpenrheintal zu einer besonders frühen Ausprägung des Vollneolithikums, nämlich schon im zweiten Drittel des 6. Jt. Vor allem im inneralpinen Rhônetal des Wallis gibt es eine Reihe von untersuchten Siedlungen, die bald nach 5500 v. Chr. einsetzten. Sie lagen auf Schwemmkegeln, Hügeln oder Talterrassen (Abb. S. 29f.). Pfostengruben weisen auf Holzgebäude hin. Zur Keramik zählen flachbodige Gefäße mit Henkel, wie sie aus Seeufersiedlungen am Lago di Varese zwischen dem Como-See und dem Lago Maggiore gut bekannt sind. Diese als »Gruppo del Isolino« benannte früheste Siedlungsphase am Lago di Varese datiert etwa zwischen 5400 und 5000 v. Chr.

An den frühneolithischen Fundstellen des Wallis wurden fast zu 100 % Haustierknochen – vor allem Schaf, Ziege, aber auch Rind – entdeckt und kaum Knochen von Wildtieren. Insgesamt spricht somit einiges gegen eine Akkulturation wildbeuterischer Gemeinschaften und eher für eine komplette Zuwanderung aus dem Süden über die hohen penninischen

---

Linke Seite: Monte Bego, Région des Merveilles (Frankreich). Schematische Darstellungen von Hausrindern.

Oben rechts: Älteste Spuren von Ackerbau und Viehzucht in den Alpen während des späten 7. und frühen 6. Jt. v. Chr.
Orange: 6200–5500 v. Chr.
Grün: 5800–5500 v. Chr.
Rot: vor 5800 v. Chr.
Schwarz: 6200–5800 v. Chr.

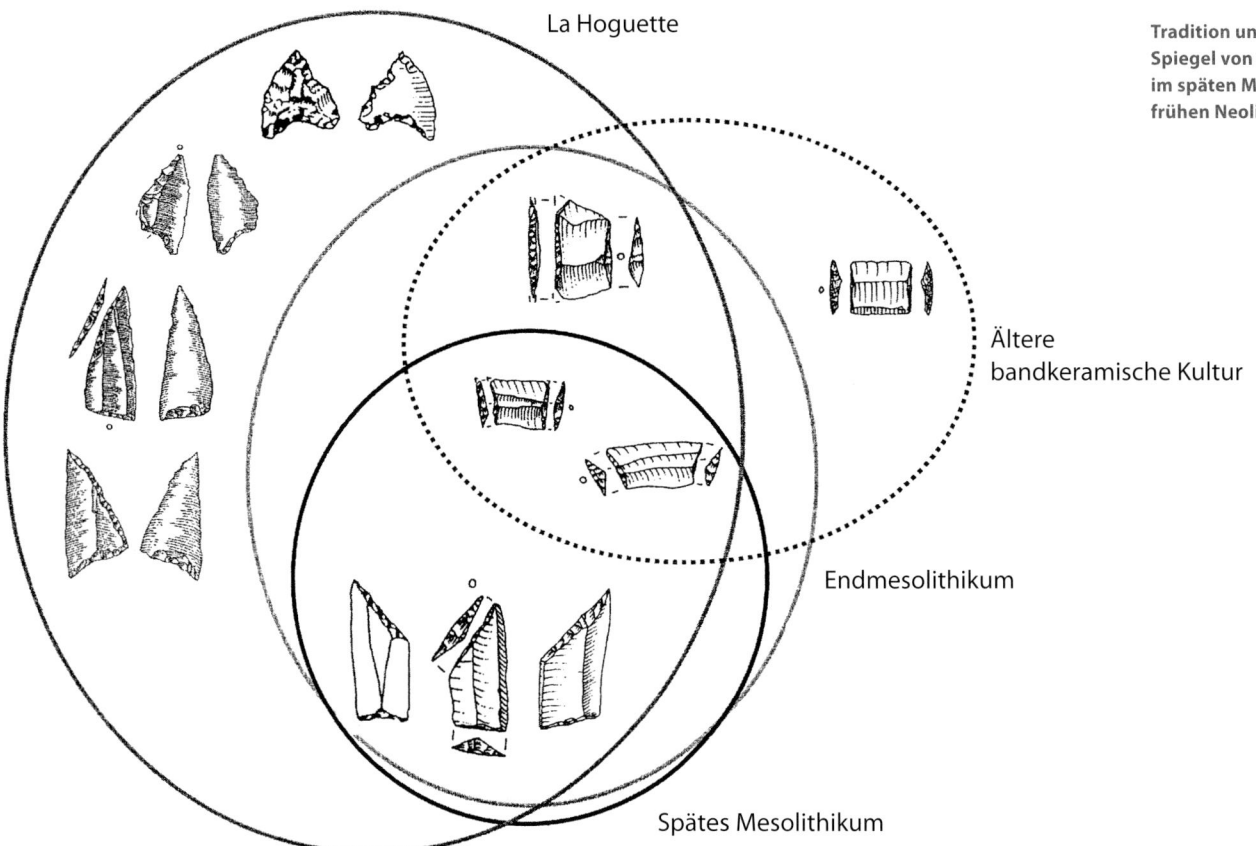

Tradition und Kontakte im Spiegel von Steingerätetypen im späten Mesolithikum und frühen Neolithikum.

Alpenpässe. Die Häuser sind in Pfostenbauweise errichtet worden, ihre genauen Grundrisse kennt man bislang nicht.

In Bellinzona im Schweizer Tessin sind allerdings Hausgrundrisse aus dem späten 6. Jt. erforscht worden. Auf der kleinen Hochfläche des Felskopfes von Castel Grande wurde ein zweischiffiges, 10 m × 4 m großes Wohngebäude und ein sehr kleines einschiffiges Haus mit einer Fläche von 4 m × 1,5 m freigelegt, das vermutlich ein Vorrats- oder Geräteschuppen war.

Der Grund für die so frühe inneralpine Besiedlung durch Bauern kann nur darin liegen, dass der Wallis eine klimatische Gunstzone darstellt, ähnlich dem Alpenrheintal. Es handelt sich um Trockengebiete mit wenig Niederschlag und relativ warmem Klima. Im Tessiner Tal des Ticinoflusses gibt es zwar hohe Niederschläge, es ist aber wegen seiner Öffnung nach Süden ebenfalls recht warm.

Entwickelter Ackerbau und Viehzucht im Neolithikum und in der Bronzezeit

Eine dauerhafte neolithische Besiedlung des gesamten inneren Alpenraumes, aber auch des Alpennordrandes – im Westen wie im Osten – lässt sich erst ab etwa 4300 v. Chr. nachweisen. Sehr oft ist die bäuerliche Wirtschaftsform mit einer Siedlungsweise am See verbunden. Die Dörfer wurden meist am Ufer oder im flachen Wasser auf Pfählen errichtet. Wahrscheinlich gab es mehrere Gründe für die Anlage solcher Pfahlbauten an Seerändern: Einerseits war man gegen feindliche Angriffe besser geschützt, andererseits befand man sich nahe am fischreichen Wasser, und auch die häufig sehr fruchtbaren, weniger bewaldeten Seeuferflächen für den Ackerbau oder als Viehweide waren nicht weit.

Die Häuser waren aus ganzen oder gespaltenen Holzstämmen erbaut. Große Stützpfosten bildeten das Wandgerüst und stellten zugleich die Dachträger dar. Sie wurden tief in den unstabilen Ufer- oder Seeboden eingetrieben. Häufig gab es auch Querbalken unterhalb des Wohnniveaus, um die Hauskonstruktion zusätzlich zu festigen. Boden und Wände bestanden aus Flechtwerk von Ästen, die mit Lehm verschmiert waren und dadurch gegen die aufsteigende Feuchtigkeit schützten. Auch Bretterböden kamen vor. Es lassen sich bereits Wohn- und Wirtschaftsgebäude unterscheiden, die im Inneren durch Querwände gänzlich oder zum Teil untergliedert sein konnten.

Die erforschten Seeufersiedlungen gewähren tiefe Einblicke in alle Bereiche des Lebens. Aufgrund ihrer Lage im feuchten Boden oder Wasser blieb organisches Material hervorragend erhalten. Somit können die Bauweise der Häuser, verschiedene Formen von Holzgeräten und -gefäßen, Textilien, Schnüre, Netze, Körbe, aber auch Nahrungsmittel wie Getreide und Obst genau studiert werden.

Neben den Feuchtbodensiedlungen existierten auch Dörfer auf Terrassen von Flussläufen in den großen Tälern. Meist handelt es sich um rechteckige, manchmal mehrräumige Ständerbauten aus Pfosten und Flechtwerkwänden.

Während in den mittelneolithischen Siedlungen nördlich der Alpen die beiden Spelzweizenarten Emmer und Einkorn dominierten, ergab sich in den Seeufersiedlungen ein anderes Bild. So wurde in Zürich-Kleiner Hafner um 4300 v. Chr. vor allem Nacktweizen angebaut, der aufgrund fehlender Spelzen leicht zu dreschen war. Allerdings ist Nacktweizen im Hinblick auf Klima und Böden sehr anspruchsvoll und außerdem recht anfällig gegen Schädlinge. Weitere Kulturpflanzen am Kleiner Hafner waren Gerste, Schlafmohn, Erbse, Linse und Lein (Flachs). Seit Ende

Sion im Wallis (Schweiz). Parkplatz Planta. Im Vordergrund die archäologische Ausgrabung einer frühbäuerlichen Siedlung aus dem 6. Jt. v. Chr.

Blick über Sion im Wallis auf die burgbewehrten Hügel Tourbillon (links) und Valère. Am Tourbillon befand sich um 5400 v. Chr. eine Bauernsiedlung.

des 4. Jt., in einer Zeit der Klimaverschlechterung, nahm der Emmer im Allgemeinen auf Kosten des Nacktweizens wieder zu.

Getreide enthält reichlich Kohlenhydrate, Hülsenfrüchte hingegen vor allem Proteine. Im Leinsamen wiederum kommt sehr nahrhaftes pflanzliches Fett vor. Die Leinstängel wurden jedoch auch zur Gewinnung von pflanzlichen Fasern für die Textilherstellung verwendet.

In einigen Seeufersiedlungen sind verkohlte, handtellergroße, ovale oder runde Brote aus Sauerteig gefunden worden. In nordalpinen Siedlungen gab es zu dieser Zeit ebenerdige Backöfen in Kuppelform. Entdeckt wurden auch Reste von Fladenbroten und Breigerichten. Von rezenten Bergbauern weiß man, dass Sauerteigbrot nur wenige Male im Jahr gebacken, hart aufbewahrt und zum Essen in Milchsuppe aufgeweicht wird.

Aus dem mitteleuropäischen frühen und mittleren Neolithikum sind die ersten landwirtschaftlichen Ackergeräte aus Holz bekannt: Spaten, Erdhaken und »Rillenzieher«, mit denen man den Ackerboden lockerte und aufbrach. Zu Beginn des Jungneolithikums, also im 4. Jt., kamen dann die ersten Hakenpflüge auf – einteilige Geräte, die aus Ast- und Stammholz gearbeitet waren. Ein Pflug dieser Art wurde in der Seeufer-Station 3 von Egolzwil im westlichen Schweizer Mitteland gefunden.

Frühe Felszeichnungen am Monte Bego in den Piemonteser Alpen geben Zugrinderpaare mit solchen einfachen Pflügen, wenn auch stark schematisiert, wider. Gegen Ende des 3. Jt., im Endneolithikum und zu Beginn der Bronzezeit, kam es dann zu einer entscheidenden Weiterentwicklung des Pfluges zum Jochsohlenhakenpflug. Er bestand aus mehreren auswechselbaren Teilen, darunter dem Pflugbaum mit Haken, dem am Haken in einer Nut separat eingesetzten Sohlbrett und dem für die Führung des Pfluges bestimmten Sterz. Das Sohlbrett, das besonders beansprucht wurde, konnte also ausgewechselt werden. Er war meist aus Eichenholz. Ein fast komplett erhaltener Pflug dieses Typs aus der Zeit um 2050 v. Chr. wurde in einer Seeufersiedlung in Lavagnone bei Desenzano del Garda (Prov. Brescia) entdeckt. Der 2,2 m lange Pflugbaum ist aus einem Ast, sein Haken aus dem Stammholz einer Eiche geschlagen.

Dieser neuartige Pflug konnte den Boden kräftig aufreißen. Gezogen wurde er von einem Rinder- oder Ochsengespann mithilfe von Jöchern, die auch gefunden wurden. Die Kastration von Stieren ist jedenfalls spätestens seit dem 5. Jt. v. Chr. in Mitteleuropa eindeutig belegbar. Stierkälber wurden früh kastriert, was zur Folge hatte, dass sie ein längeres und größeres Wachstum hatten, ohne die männlichen »Unarten« zu entwickeln: Man erhielt ruhige und gute Arbeitstiere. Wahrscheinlich dienten Ochsen zunächst als Tragtiere, erst später als Zugtiere. Am Monte Bego gibt es übrigens auch Darstellungen von Bauern, die zusammen mit einem Rindergespann und einem Pflug mit Handhabe, dem Sterz, abgebildet sind. Interessant sind zudem Felszeichnungen aus dem Valcamonica mit gepunkteten, rechteckigen und quadratischen Kästchen, die durch wellenförmige Linien verbunden sind. Vielleicht kann man diese Motive als bebaute Äcker, Wege und künstliche oder natürliche Wasserläufe deuten. Auch am Monte Bego existieren derartige Zeichnungen zusammen mit abstrakten Rinderdarstellungen.

Kreuz und quer verlaufende Pflugspuren wurden im graubündnerischen Castaneda am Fundplatz Pian del Remit beim Bau eines Schulhauses entdeckt. Sie befanden sich in einem Horizont unmittelbar neben und über den Resten eines endneolithischen Pfostenhauses und datieren somit an das Ende des 3. Jt. Ihre Anordnung zeigt, dass der Ackerboden rasterartig aufgebrochen wurde. Wesentlich ältere, zum Teil ebenfalls gitterartig verlaufende Ackerspuren wurden in rund 6 m Tiefe im Areal Ackermann in Chur gefunden. Sie gehören noch dem frühen 4. Jt. an. Auch von Sion im Wallis kennen wir ganz ähnliche Acker-

Rekonstruierte bronzezeitliche Pfahlbauten am Ledrosee (Prov. Trentino).

spuren aus dem frühen 3. Jt. Es handelt sich also um eine Art »Kreuzpflügen«, womit man nicht etwa Saatfurchen zog, sondern den Boden lockerte.

In der frühen und mittleren Bronzezeit wurden im Schweizer Mittelland, aber auch in Graubünden hauptsächlich Emmer und Dinkel angebaut. Dinkel ist schon seit dem 6. Jt. in Transkaukasien kultiviert worden und erreichte Mitteleuropa und die Alpen im 2. Jt. In der mittleren Bronzezeit wurde zunehmend Spelzgerste angebaut. Schließlich finden wir vom ausgehenden 2. Jt. bis weit in die Eisenzeit hinein, in einer Zeit der deutlichen Klimaverschlechterung, Rispen- und Kolbenhirse, Gerste und Dinkel als besonders widerstandsfähige und daher bevorzugte Getreidepflanzen. Unter den Hülsenfrüchten nahm in der Bronzezeit die Ackerbohne und – erstmals wieder seit dem frühen Neolithikum – die Linse an Bedeutung zu.

Seit der frühen Bronzezeit scheint der Mensch seine alpine Umwelt stärker selbst gestaltet zu haben. Jedenfalls gibt es im Unterengadin und im Wallis Indizien dafür, dass Hänge zu Ackerterrassen geebnet und Hecken angelegt wurden. Der Feldbau reichte nun auch bis in hohe Lagen, sehr oft bis auf 1700 m Höhe. Pollenanalysen und Radiokarbondatierungen liefern für diese Kultivierungen klare Anhaltspunkte. Pollenuntersuchungen in Mooren bei Ramosch im Engadin belegen zudem bereinigte Waldflächen in Form von Lärchenwiesen oberhalb der Ackerzonen, die als Viehweiden dienten. Diese weitgehende Erschließung alpiner Gebiete ging Hand in Hand mit dem aufkommenden Abbau von Kupfererzen und dem damit verbundenen Fernhandel.

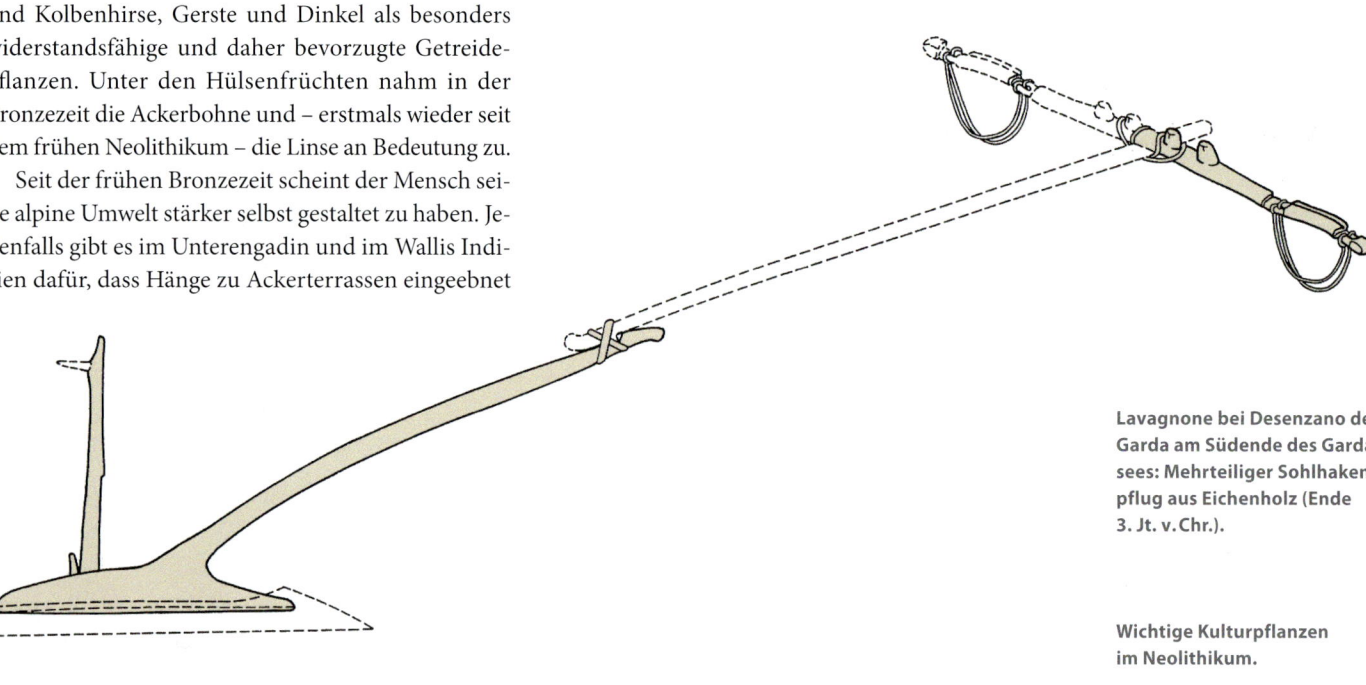

Lavagnone bei Desenzano del Garda am Südende des Gardasees: Mehrteiliger Sohlhakenpflug aus Eichenholz (Ende 3. Jt. v. Chr.).

Wichtige Kulturpflanzen im Neolithikum.

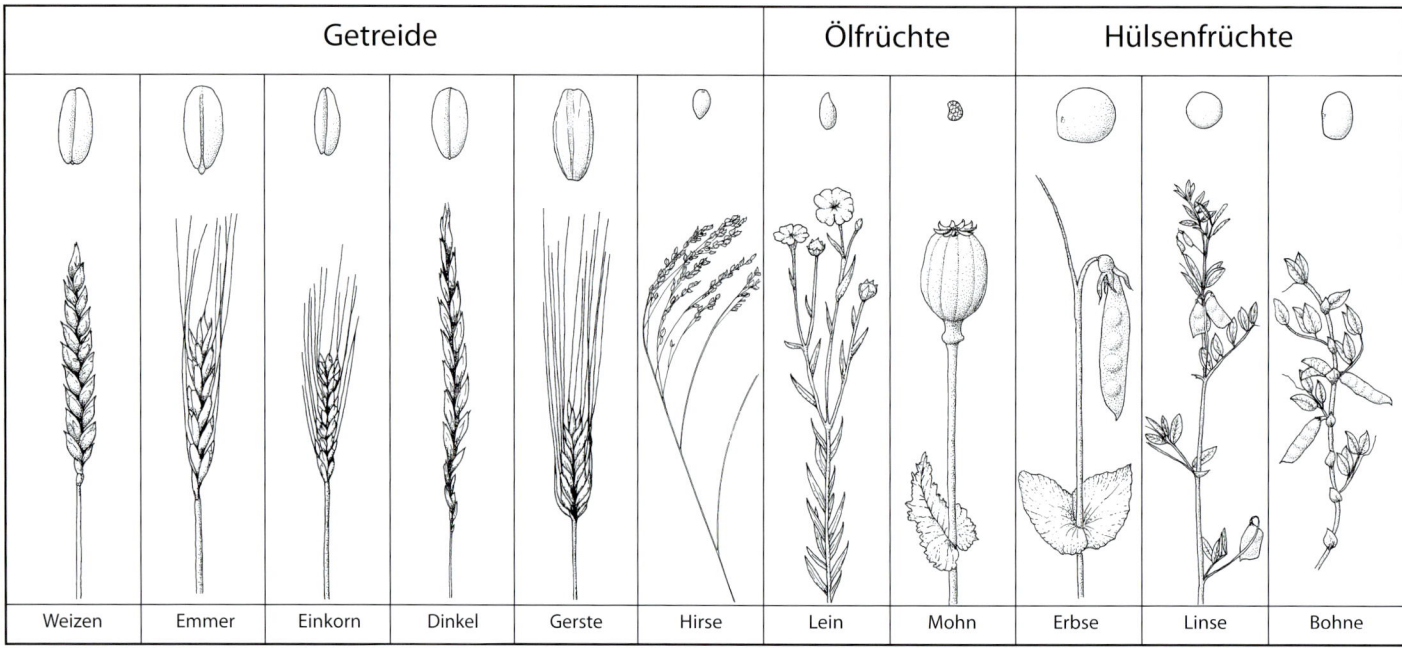

Gitterförmige Pflugspuren in Castaneda-Pian del Remit (Graubünden). Ende 3. Jt. v. Chr.

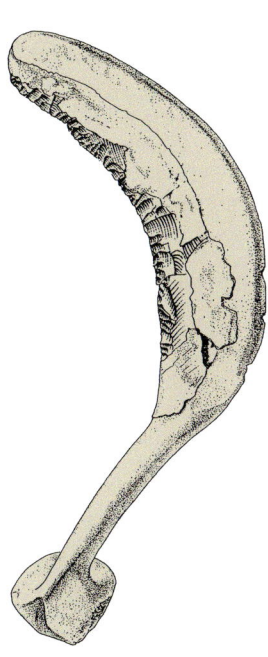

Mittelbronzezeitliche Buchenholzsichel, in deren Innenbogen Silexklingen mit Birkenpech festgeklebt sind. Fiavè (Prov. Trentino).

Die Verwendung von Sicheln aus Metall führte seit der mittleren Bronzezeit zu einer deutlichen Verbesserung bei der Getreideernte. Metallsicheln waren nicht so leicht zu beschädigen wie Holzsicheln, wo einzelne Flintsteine herausfallen konnten. Die Schneiden ließen sich durch Hämmern und Schleifen bestens nachschärfen. Zunächst gab es kleine Sicheln mit einem Nietloch an der Basis oder Knopfsicheln mit einem seitlichen kleinen Fortsatz zur Fixierung der Holzschäftung. In der späten Bronzezeit kamen dann Zungensicheln mit Führungsrippen am Griffteil auf (Abb. S. 82).

Schon im Neolithikum wurde nachweislich eine Sommer- und eine Winterfrucht angebaut, was eine Bewirtschaftung der Felder zu Beginn des Frühjahrs wie auch des Herbstes voraussetzte. Außerdem gibt es deutliche Hinweise auf einen Fruchtwechsel im Alpenraum spätestens seit der Bronzezeit. Das geht aus dem deutlich häufigeren Vorkommen der Bohne hervor. Jedenfalls verbessert der Wechsel Weizen–Bohnen die Fruchtbarkeit der Äcker, was offenbar auch das Ziel war.

Eng verbunden mit den frühesten bäuerlichen Lebensformen im 6. Jt. treten im Alpengebiet Schaf, Ziege, aber auch Rind auf, deren Stammbäume letzten Endes auf Züchtungen im Vorderen Orient zurückgehen. Mit ihrer Haltung als Haustiere ging im Laufe der Generationen eine allmähliche Verkleinerung einher. Da die Tiere im Hausstand ihre Nahrung nicht mehr frei suchen und auswählen konnten, war die Ernährung einseitig, und auch die eingeschränkte Bewegungsfreiheit führte zu Größenminderung und anderen körperlichen Veränderungen. Jedenfalls verloren die neolithischen Hausrinder gegenüber dem Urrind bald an Größe. Seit der Bronzezeit betrug die Widerristhöhe kaum mehr als einen Meter. Das Rind war das vielseitigste Nutztier, da es außer Milch und Fleisch auch Dünger, Horn und Leder lieferte. Außerdem konnte es für schwere Pflug- und Zugdienste eingesetzt werden.

Vom Schwein bekam man vor allem Fleisch und Fett. Schaf und Ziege sind bereits zu Beginn des Neolithikums häufig, erleben aber seit dem Jungneolithikum einen weiteren Aufschwung. Wahrscheinlich hängt dies mit der ersten Wollverarbeitung zusammen, von der später noch die Rede sein wird.

Im oberen Rhônetal im Wallis sind die ältesten Haustierfunde aus dem Inneren der Alpen bekannt. In den Siedlungen Sion-Planta und Sion-Tourbillon (Abb. S. 29f.) aus der Zeit um 5000 v. Chr. lässt sich an Speiseabfällen feststellen, dass Schaf und Ziege beinahe die Hälfte aller Haustiere ausmachten, während Hausrind mit 40 % die zweite und Schwein mit rund 8 % die dritte Stelle einnahmen. Die Jagd hatte kaum Bedeutung.

In Graubünden betrug der Anteil der Haustiere gegenüber dem erlegten Wild zwischen 80 und 90 %. Ähnlich wie im Ostalpengebiet war der Rinderanteil sehr hoch. Schaf und Ziege kamen deutlich weniger vor. In den neolithischen Fundstellen im Rheintal gab es ebenfalls einen hohen Rinderanteil, doch lag hier mehr Gewicht auf der Schweinehaltung. Interessanterweise war aber auch die relative Menge an erbeuteten Wildtieren wie Rothirsch und Wildschwein beachtlich.

In den im letzten Drittel des 5. Jt. einsetzenden Seeufersiedlungen der Nordschweiz halten sich die Anteile von Haus- und Wildtieren mit durchschnittlich je rund 50 % die Waage. Der Jagd kam also beachtliche Bedeutung zu. Erst seit Ende des 4. Jt. wurde die Haustierzucht dann aber spürbar intensiviert. Unter den Haustieren war Rind wesentlich häufiger als Schaf und Ziege, erst mit großem Abstand folgte das Hausschwein.

Aufschluss zur Haustierhaltung in den Ostalpen liefern hauptsächlich die großen Mengen Tierknochen aus den Seeufersiedlungen im oberösterreichischen Teil des Salzkammergutes. Als Beispiel können die archäozoologischen Auswertungen in der jungneolithischen Station Mondsee-See angeführt werden, die im Wesentlichen in die zweite Hälfte des 4. Jt. datiert. Hier wurden 41 % Hausrind, 31 % kleine Wiederkäuer, darunter Schafe und Ziegen, aber auch viele Gämsen, 8,5 % Hausschwein, 12 % Rothirsch und 2 % Hund errechnet. Die Viehwirtschaft war eher einfach, da die Tiere extrem jung geschlachtet wurden, sodass nur wenige Rinder ein höheres Lebensalter erreichten. Das bedeutet, dass die Milchproduktion noch unbedeutend war und vor allem der Fleischbedarf gedeckt wurde. Auch unter den Schafen dominieren jüngere und außerdem weibliche Tiere. Es wurden also hauptsächlich Haar- und keine Wollschafe gehalten. Am ehesten ging es hier neben Fleisch- um die Milchproduktion.

Auch die Schweine wurden früher als anderswo geschlachtet. Überdies lassen Zähne und Langknochen eine Mangelernährung erkennen. Die Jagd auf Hirsch und Gämse war am Mondsee, ähnlich wie in anderen Pfahlbaukulturen des Westalpenraumes, eine notwendige Ergänzung zur Deckung des Fleischbedarfs, vor allem im Spätherbst und Winter.

In der Bronzezeit geht der Wildanteil in den alpinen Siedlungen überall deutlich zurück. Selten beträgt er mehr als 20 %. Das bedeutet, dass die wirtschaftliche Potenz – sowohl beim Anbau von Feldfrüchten als auch bei der Viehhaltung – verbessert wurde. Auf die Vergrößerung der Ökumene in manchen Alpengebieten wurde schon hingewiesen.

Ein weiteres Haustier ist das bereits im Endneolithikum aus Osteuropa eingeführte Pferd. Zunächst scheint es nicht oder jedenfalls nicht ausschließlich als Zugtier gedient zu haben, wie Schlachtspuren in schnurkeramischen Siedlungen des 26. Jh. v. Chr. in der Nordschweiz belegen. Doch schon in der Früh-

Der rezente Island-Spitz gleicht dem Torfspitz der neolithischen Seeufersiedlungen in Größe und Aussehen, ist aber robuster.

bronzezeit sind Schlachtreste von Pferden ausgesprochen selten. Zugleich fällt ein mitunter sehr hoher Anteil des Pferdes mit bis zu 8 % aller Tierknochen auf.

Erste Trensen, zunächst aus Horn oder Knochen geschnitten, existieren ab der frühen Bronzezeit. So tauchen auf Felsbildern in Valcamonica Pferdegespanne schon zu Beginn der Bronzezeit auf und kommen dann bis weit in die Eisenzeit vor. Andere, bereits eisenzeitliche Felszeichnungen zeigen dann auch pflügende Pferdepaare. Wie Knochenfunde in den Siedlungen dokumentieren, werden die Pferde mit der Zeit kleiner. In der späten Bronzezeit etwa besaßen die schlanken Tiere nur mehr eine Widerristhöhe zwischen 120 und 130 cm.

Der Rinderanteil nahm stetig zu und erreichte durchschnittlich 35 %. Da der Fleischanfall um ein Vielfaches höher ist als bei anderen Haustieren, kann das Rind in dieser Hinsicht als Hauptfleischlieferant betrachtet werden. Das gilt während der Bronzezeit für den gesamten Alpenraum. Auch die Zahl der ausgewachsenen, oft alten Hausrinder war nun sehr hoch, was ganz offensichtlich auf eine größere Bedeutung der Sekundärprodukte wie Milch und Zugkraft zurückzuführen ist. Häufig sind die Außenflächen von Rinderhornzapfen abgeplatzt. Dies belegt, dass Joche verwendet und an den Hornzapfen befestigt wurden. Sicher dienten in der Bronzezeit also vorwiegend Ochsen, wie schon seit dem 3. Jt. v. Chr. im Spätneolithikum, zum Pflügen, Holzziehen im Wald und für Transporte. Gefunden wurden jedenfalls immer wieder Mittelhandknochen von Ochsen, die auffallend lang und schlank sind. Die Widerristhöhe der Ochsen mit durchschnittlich 114 cm ist höher als bei Stieren und Kühen (107 cm).

Schaf und Ziege, die abgesehen von den Schädelknochen nicht leicht zu unterscheiden sind, wurden während der Bronzezeit wesentlich zahlreicher gehalten als im späten Neolithikum. Immerhin ist jedoch klar, dass Schafe überwogen. Aus all dem kann auf eine zunehmende Wollnutzung geschlossen werden, die auf mediterrane Traditionen zurückging. In Vorderasien hatte züchterische Selektion bereits um 5000 v. Chr. zur Herausbildung von Wollschafen geführt. Dabei ging es um eine Reduktion der dickeren Deckhaare und die Förderung eines Wollvlieses aus feinen Unterhaaren. Obwohl sich Textilien aus Wolle in den Feuchtböden der Seeufersiedlungen nicht erhalten haben, lässt sich aus dem Rückgang von Leinenresten schließen, dass die Wollbekleidung stark an Bedeutung zugenommen hat.

Übrigens fällt auf, dass sowohl bei Schafen als auch Ziegen weibliche Tiere einen sehr hohen Prozentsatz ausmachten. Das dürfte wohl für Milchgewinnung bei diesen kleinen Wiederkäuern sprechen. Im Gegensatz zu Schaf und Ziege spielte das Hausschwein in der Bronzezeit eine geringere Rolle, besonders in nordalpinen Gebieten.

In den neolithischen Pfahlbausiedlungen gab es kleine, fast zwergenhafte Hunde, deren Domestikation bereits lange zurückliegen musste. Man spricht hier treffend von »Torfspitz« (canis palustris). Schnauze und Beine waren aber auf die Größe bezogen normal entwickelt, nicht etwa verkürzt. Die kleinen, zarten Hundeknochen aus den Mondsee-Siedlungen sind beinahe mit Füchsen zu verwechseln. Jedoch reichte die Variationsbreite auch bis zu knapp mittelgroßen Hunden. Über Fellform und Farbe wissen wir leider nichts. Sie dürfte wohl ziemlich variabel gewesen sein. Mit aufgestellten bzw. aufgedrehten Schwänzen ist zu rechnen. Im Gegensatz zu manch anderen Haustieren machte der Hund vom Neolithikum zur Bronzezeit eine umgekehrte Größenentwicklung durch: Er wurde größer statt kleiner. Die Hunde der Bronzezeit sind dann nurmehr mäßig klein bis gut mittelgroß. Besonders auffallend sind die mit einer Widerristhöhe von über 70 cm erstaunlich großen Hunde aus Brixlegg in Tirol, die dort in früh- und spätbronzezeitlichen Siedlungen gleichermaßen auftreten. In der Eisenzeit ging die Vergrößerung weiter und erreichte noch in vorrömischer Zeit das Niveau von Deutschen Schäferhunden. Daneben tauchen allerdings zur Latènezeit bereits gesondert gezüchtete Zwerge auf, besonders im gehobenen Milieu der sozialen Oberschicht.

Hunde hatten wohl in erster Linie die Aufgabe, Haus und Hof zu bewachen. Daneben wurden sie spätestens seit der Eisenzeit auch zur Jagd eingesetzt, was Darstellungen auf Bronzeblechgefäßen im Ostalpenraum zeigen.

Fischfang im Neolithikum und in der Bronzezeit

Die Seeufersiedlungen gewähren besonders gute Einblicke in den neolithischen und bronzezeitlichen Fischfang. Vor allem in den Stationen am Zugersee sind viele Einzelheiten systematisch untersucht worden. Gefischt wurden die großen Arten Hecht und Wels wie auch die kleineren Felchen, Barsche, Rotaugen und Rotfedern. Bereits seit dem Neolithikum kamen vier Grundtechniken zur Anwendung: Harpunieren größerer Fische, Leinenfischen, Netzfischen und Fischen mit Reusen.

Die hölzernen Harpunenschäfte trugen Spitzen aus Knochen, Geweih oder Silex. Beim Eindringen in den Fischkörper lösten sich die Spitzen vom Schaft, blieben aber über die an einer Kerbe befestigte Fangleine mit dem Fischer verbunden. Für das einfache Leinenfischen wurde ein 3 bis 7 cm langer Angelhaken aus Eberzahn, Knochen oder Hirschgeweih geformt. In der Bronze- und Eisenzeit bestand der Angelhaken dann aus Bronze. Im Neolithikum war das Schaftende des Hakens für die Aufnahme der Leine gelocht, in der Bronzezeit gekerbt oder besaß eine durch Umbiegen der Basis gestaltete Öse. Schon seit etwa 3500 v. Chr. gab es auch Querangeln in Form von Doppelspitzen, die am Zugersee aus Spänen von Hirschrippen geschnitten und 5 bis 9 cm lang waren.

Die Netze bestanden aus feinen Schnüren, die aus pflanzlichen Fasern, vor allem Lindenbast, hergestellt wurden. Sehr wahrscheinlich existierten bereits im Neolithikum alle heute noch bekannten Netztypen: Zug-, Setz-, Hand- und Wurfnetze. An den äußeren Rändern der Netze waren Schwimmer aus Holz oder Pappelrinde, innen Netzsenker aus flachen, gekerbten Kieselsteinen befestigt. Netznadeln aus Hirschgeweih zum Flicken gerissener Netze waren bogenförmig und besaßen eine Öse in Längsrichtung. Beim Netzfischen fuhr man in einem mit Paddeln geruderten

Bronzene Angelhaken verschiedener Größe aus Seeufersiedlungen am Zugersee (Kt. Zug) aus der Bronzezeit.

Einbaum aufs offene Wasser hinaus, insbesondere beim Verwenden von Zugnetzen.

Reusen oder Fischzäune waren eher selten. Sie wurden aus Hasel, Weide oder Hartriegel geflochten und im flachen Wasser, an Seeufern und in Flüssen angebracht. Bisher kennen wir solche Einrichtungen allerdings nur aus Sachsen und Baden-Württemberg.

Interessanterweise existieren auch Seeufersiedlungen, in denen Hinweise auf Fischfang fast vollständig fehlen. So wurden z. B. am oberitalienischen Ledrosee keine Netzutensilien oder Angelhaken gefunden. In diesem früh- und mittelbronzezeitlichen Pfahlbaudorf nahm jedoch die Haustierwirtschaft einen besonders hohen Stellenwert ein. Nur 5 % der nachgewiesenen Tiere unter den Speiseabfällen stammen von Wildbret. Immerhin wurden aber Bären und Wildschweine gejagt. Auch in Fiavè, nördlich des Gardasees, spielte die Jagd lediglich eine untergeordnete Rolle. Erbeutet wurden Hirsch, Gämse und einige Vogelarten. Für den Fischfang gibt es auch hier kaum Belege.

Während die Seeufersiedlungen im Neolithikum meist noch als Haufendörfer angelegt waren, änderte sich dies grundlegend zur Bronzezeit. Die Häuser wurden sehr oft und in der späten Bronzezeit fast immer in Zeilen angeordnet. Dazwischen befanden sich schmale Gassen. Diese regelmäßigen Strukturen setzen eine genaue Planung der Siedlungen voraus, was auf einen festen Zusammenhalt der Bewohner und wahrscheinlich auch auf ein für die Organisation zuständiges Oberhaupt schließen lässt.

In der Bronzezeit ist der Trend von kleinen zu großen Siedlungen nicht zu übersehen. Dies trifft nicht nur für die Seeuferdörfer, sondern auch für Höhen- und Hangsiedlungen zu. Während in der frühen und mittleren Bronzezeit die Siedlungsfläche zwischen 600 und maximal 10 000 m² liegt, beträgt sie in der späten Bronzezeit, also um die letzte Jahrtausendwende v. Chr., zwischen 1500 und 13 000 m². Bei den besonders großen Siedlungen könnte man an zentrale Marktorte denken, was aber noch untersucht werden muss.

Die bronzezeitlichen Siedlungen auf Terrassen und Hügeln zeigen eine meist optimale Anpassung an die natürlichen Gegebenheiten. Auch diese Beobachtung lässt auf ordnende Instanzen innerhalb der Gemein-

Bronzezeitlicher Angelhaken aus Hirschgeweih von Steinhausen-Sennweid West am Zugersee (Kt. Zug).

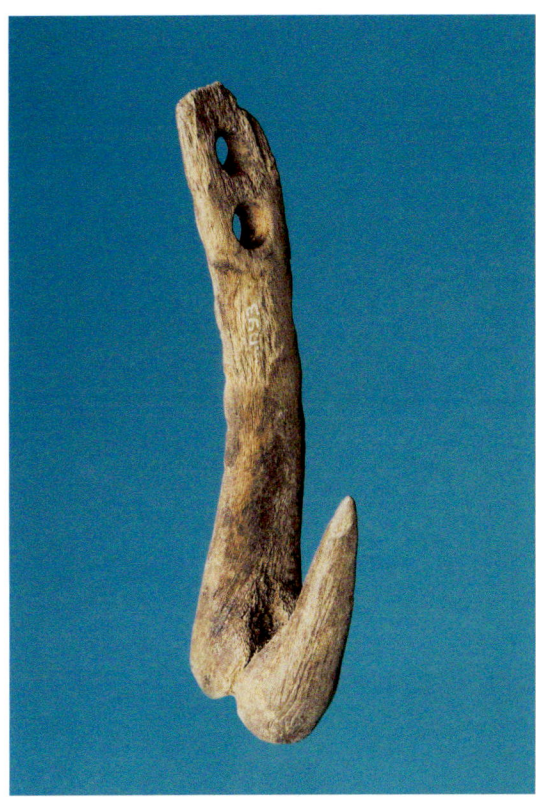

schaft schließen. Übrigens können aus dem Fundspektrum gut erforschter Häuser Anhaltspunkte für ihre Funktion gewonnen werden. Feuerstellen, Speiseabfälle, häusliche Geräte wie z. B. Webgewichte sprechen für Wohnbauten, Getreidereste in auffallend kleinen Gebäuden für Speicher, Gussformen und Gussabfälle für Metallschmieden. Tatsächlich finden sich alle Kategorien jeweils in fast allen Dörfern, während Stallräume nicht belegt sind.

Landwirtschaft in der Eisenzeit

In der Eisenzeit wurden weite Teile der inneren Alpen recht dicht besiedelt, was teils mit einem intensivierten Nord-Süd-Handel zu erklären ist. Allerdings spielte auch die Gewinnung von Salz und Erzen wie Blei, Gold und vor allem Eisen eine gewichtige Rolle. Nun gibt es sehr viele Höhensiedlungen und Siedlungen an geschützten Stellen, ebenso mit Wall und Graben befestigte Dörfer. Zudem lassen sich deutlich echte Mittelpunktsiedlungen, wo Handel und Handwerk konzentriert waren, von kleineren, in der Landschaft verstreuten Dörfern unterscheiden. Eine wirtschaftlich bedeutende Siedlung etwa lag in Sanzeno im Nonstal (Trentino), an der ein wichtiger Verkehrsweg von Oberitalien nach Norden zum Brennerpass vorbeizog. Diese raetische Großsiedlung war vom 6. bis 1. Jh. v. Chr. Drehscheibe für den Handel. Eine viel kleinere raetische, rein bäuerliche Siedlung abseits der Verkehrsrouten wurde bei Fai, einem kleinen Ort nordöstlich von Trient am westlichen Rand des Etschtales, untersucht. Sie bestand aus quadratischen Häusern mit hohen Steinsockeln und hölzernen Blockaufbauten. Der felsige Boden war für die Häuser terrassiert worden.

Unter den Anbaupflanzen taucht zu Beginn der Eisenzeit zunächst Roggen auf, der aus östlichen Gebieten übernommen wurde. Roggen reift in kälteren Regionen wie den Alpen besser als anderes Getreide und verlangt vom Boden weniger als Weizen. Er gedeiht auf der Sonnenseite der Berge bis weit hinauf in die subalpine Zone. Auch der Anteil von Hülsenfrüchten nahm ab der jüngeren Eisenzeit im Alpenraum zu.

Seit dem 5. Jh. v. Chr. wurden die hölzernen Pflugspitzen mit eisernen Scharen besetzt. Besonders zahlreich finden sich Pflugscharen im nördlichen Voralpengebiet. Innerhalb der Alpen kennt man Funde aber auch aus dem Tiroler Inntal. Schleifspuren an den Eisenscharen beweisen eine Schrägstellung zwischen 25 und 40°. Dies bedeutet, dass die Erdscholle jetzt bereits gewendet werden konnte. Damit war es möglich, von der Einzelkornsaat in Bodenrillen zu einer Breitsaat in Ackerfurchen überzugehen, was eine dichtere Bebauung der Getreidefelder erlaubte. Für das Zustreichen der Ackerfurchen wurden – wenn auch wahrscheinlich nur in den größeren Alpentälern – Schleppen benutzt. Aus dem späthallstattzeitlichen

Bronzezeitliche Netznadeln mit seitlichen Ösen aus Hirschgeweih von Steinhausen-Sennweid West am Zugersee (Kt. Zug).

Schnidejoch. Einer der Holzringe, die wahrscheinlich zur Verbindung von Zaunpfählen dienten. 1800 bis 1600 v. Chr.

Schnidejoch (2756 m SH) zwischen den Kantonen Bern und Wallis. Die meisten ab dem 5. Jt. v. Chr. einsetzenden Funde wurden im Bereich des kleinen Eisfeldes nördlich des Überganges gemacht (roter Kreis). Im Hintergrund das Wildhorn (3246 m SH).

Grabhügel Magdalenenberg bei Villingen im östlichen Schwarzwald stammt eine Ackerschleppe aus Fichtenhölzern. Sie besteht aus zwei vierkantig zugehauenen Langholmen von 2,2 m Länge und vier in diese eingesetzten Querhölzern von 1,55 m Länge. Auf der von Rindern gezogenen Schleppe stand hinten der Bauer, um sie fest auf den Ackerboden zu drücken.

Felszeichnungen am Monte Bego zeigen Rindergespanne mit rechteckigen oder dreieckigen leiterförmigen Gebilden, die wohl derartige Schleppen darstellen dürften. Allerdings datieren diese Felsbilder wahrscheinlich noch lange vor der Eisenzeit, nämlich an das Ende des 3. oder in das 2. Jt. v. Chr. Sicherlich wurde nicht überall Pflug oder Schleppe eingesetzt. An steilen Hängen hat man die Äcker noch in der Eisenzeit weiterhin mit Spaten oder eisernen Hauen bearbeitet.

Die alpine Haustierwirtschaft der Eisenzeit ist aufgrund systematisch untersuchter Tierknochenabfälle der Siedlungen gut bekannt. Einen Einblick geben die rund 15 000 Tierknochen vom Dürrnberg bei Hallein, wo Salz abgebaut wurde. Es ist anzunehmen, dass die nachgewiesenen Rinder und Schweine nicht am Berg gehalten, sondern als Lebendvieh zugeliefert wurden. Kälber und Ferkel fehlen jedenfalls im Fundmaterial. Dennoch zeigen die Speisereste sehr gut das Verhältnis der zur mittleren Eisenzeit hier gezüchteten Tiere. Die mit 104 cm Widerristhöhe schon sehr kleinen Rinder bilden einen Anteil von 78 %. Das Hausschwein ist mit 11,5 % vertreten. Zu rund 10 % kommen Schaf und Ziege, das Pferd nur mit 0,24 % vor. Erstmals tritt nun das Haushuhn auf, wenngleich mit 0,04 % fast verschwindend. Von anderen Fundorten kennen wir aus dieser Zeit auch die Hausgans.

Am Dürrnberg beträgt der Anteil der Wildbretnahrung lediglich 0,33 %. Gejagt wurden Rothirsch, Gämse, Elch, Braunbär, Wildschwein, Höckerschwan und Ente. An Fischen wurden vor allem Hecht und Weißfisch gefangen.

Frühe Hochweidewirtschaft

Schon sehr früh gibt es verschiedene Formen der Almnutzung, bei der das Vieh auf die Sommerweide getrieben wurde. Eine davon ist die Transhumanz oder auch »Wanderschafthaltung«, die kein Hirtentum für sich, sondern eine direkte Verknüpfung mit der Anbauwirtschaft darstellt. In diesem Fall beauftragten nämlich die bäuerlichen Herdenbesitzer eigene Hirten. Bei der so genannten aufsteigenden Transhumanz wurden Herden über größere Entfernungen entlang genau vorgegebener Routen in der warmen

Jahreszeit zu Hochweiden im Gebirge und in der übrigen Jahreszeit in südlich gelegene, grasreiche Ebenen geführt. Ein Aufstallen der Tiere war somit nicht notwendig. Diese vielleicht älteste Form der mobilen Tierhaltung ist auch aus der römischen Kaiserzeit überliefert. Noch im 19. Jh. gab es die Transhumanz in den Pyrenäen und Südfrankreich, in Italien, am Balkan und in Griechenland. Sie ist archäologisch kaum nachzuweisen, am ehesten noch dann, wenn an Stützpunkten oder im Almgebiet unter dem alltäglichen Zubehör Gegenstände entdeckt werden, die auf Fernkontakte hindeuten.

Hingegen kann die lokale Hochweide- oder Almwirtschaft mit Bodenfunden klar belegt werden. Hierbei werden in der schneefreien Jahreszeit Schafe und Ziegen, aber auch Rinder von den Bauern aus dem Tal zu den Almen oberhalb der Waldgrenze aufgetrieben. Wahrscheinlich begann diese Hochweidewirtschaft im Neolithikum in noch sehr einfacher Form. Vielleicht gab es zunächst noch keine eigenen Almgebäude, nur wechselnde Unterstände oder schnell gebaute Hütten. Die Zahl der Tiere war begrenzt. Inwieweit von Anfang an Milch zu Käse verarbeitet worden ist, muss ebenfalls offen bleiben. Eine ausgeprägte, entwickelte Almwirtschaft ist jedoch durch feste Bauten, Keramik, spezielle Gefäßformen für die Milchverarbeitung oder durch größere Mengen von Speiseabfällen aus Tierknochen nachzuweisen.

Käseherstellung ist wohl sehr früh anzusetzen. Auf den Hochweiden wurde im Sommer die im Überfluss anfallende verderbliche Milch als Käse für den Winter konserviert. Grundsätzlich gibt es zwei verschiedene Käsearten: einen quarkähnlichen Sauermilchkäse, der durch längeres Stehenlassen von Milch, dann Erwärmen und Durchkneten erzeugt wird. Er ist jedoch selbst bei guter Kühlung nur etwa ein halbes Jahr genießbar. Süßmilchkäse hingegen ist lange haltbar. Um die Milch schnell gerinnen zu lassen, wird ihr Lab in Form von Labkraut oder Kälbermagenbeize beigegeben. Dann wird sie erhitzt und zu einer Käsemasse gepresst.

Die bei der Herstellung zurückbleibende flüssige Käsemilch (Ziger) kann zu Quark verarbeitet werden. Die Restmilch (Schotte) dient oft als Schweinefutter. Schöpft man den Milchrahm vor dem Käsen ab, kann daraus Butter geschlagen werden.

Mehreren Indizien zufolge begann eine erste Almbeweidung mit Haustieren gleichzeitig mit oder zumindest bald nach Beginn des alpinen Neolithikums im 5. Jt. v. Chr. Dies belegen bisher sehr vereinzelte archäologische Befunde, was auch den wenigen kleinen und nie sehr lange an einer Stelle bestehenden Siedlungen in den inneren Alpentälern entspricht. Ein wichtiger Fundort in diesem Zusammenhang ist das

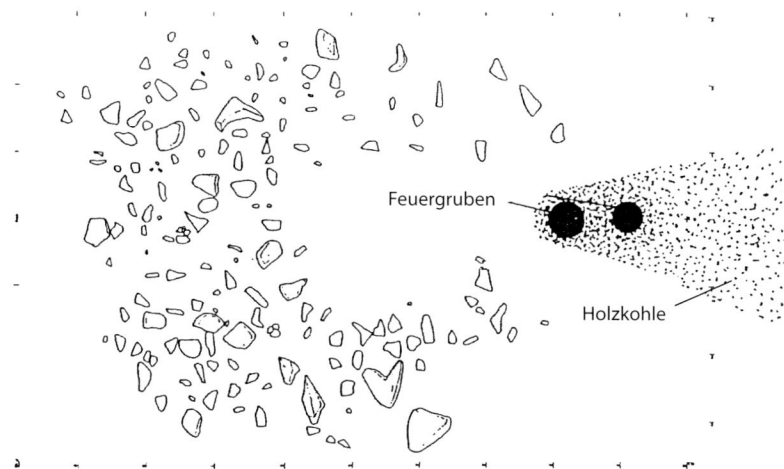

Schnidejoch in den Westalpen auf 2765 m Seehöhe. Es liegt in den Berner Alpen zwischen dem oberen Rhônetal im Wallis und dem Simmental im Berner Oberland. An sich war es in historischer und sehr wahrscheinlich auch prähistorischer Zeit ein rein lokaler Übergang, der für den Handel keine besondere Rolle gespielt hat. Seit Herbst 2003 tauen aus einem Eisfeld des Chilchligletschers auf der Nordseite des Joches immer wieder Funde aus organischem Material frei. Die ältesten Stücke sind Pfeilfragmente und Reste einer Tasse aus Ulmenholz. Diese Schale mit kleinem Ösenhenkel datiert um 4500 v. Chr. und hat einen Durchmesser von 19 cm. Sie war also verhältnismäßig groß und kaum als Trinkgefäß geeignet. Zudem sind Trinkschalen im Hochgebirge sicherlich überflüssig, da es überall genügend Wasser gibt und aus der Hand getrunken werden kann. Gaschromatografische Analysen an Rückständen auf der Gefäßinnenwand ergaben ausgezeichnet erhaltene Lipide. Dabei handelt es sich um fermentierte Kuh- oder

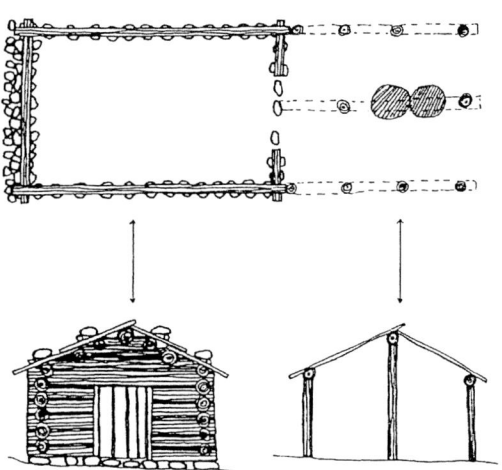

Befund und rekonstruierter Grund- und Aufriss des Almgebäudes in der Lackenofengrube am östlichen Dachsteinplateau (Obersteiermark). 14. Jh. v. Chr.

Beginn und Verlauf der Land- und Almerschließung in Tirol und Salzburg in Höhenlagen zwischen 500 und 2700 m SH. NZ Neuzeit, MA Mittelalter, RZ Römerzeit, LZ Latènezeit, HZ Hallstattzeit, BZ Bronzezeit.

Ziegenmilch, also Käse, was auf Almwirtschaft hinweisen könnte. Ein Viehtrieb mit Schafen und Ziegen vom Rhônetal über das Joch nach Norden ist daher anzunehmen. Für Rinder waren manche Strecken dieser Route zu steil und felsig, während die kleinen Wiederkäuer den schwierigen Passagen in der Felszone des Hochgebirges viel besser gewachsen waren. Etwa 1,5 Wegstunden unterhalb des Übergangs in Richtung Simmental erstrecken sich ausgedehnte Almen, die auch heute noch Hochweiden sind.

Aus der Zeit zwischen 2800 und 2600 v. Chr. stammt vom Schnidejoch die fast komplette Ausrüstung eines Jägers, vielleicht aber auch eines bewaffneten Hirten: Bogen, Bogensehne, Bogenfutteral aus Birkenrinde, sieben Pfeilschäfte, zwei Pfeilspitzen, Schuhfragmente und ein Beinling aus Leder.

Die bronzezeitlichen Funde aus der Zeit zwischen 2200 und 1600 v. Chr. bestehen aus dem Bruchstück eines Holzgefäßes, Schuhresten und fast einem Dutzend geflochtener Ringe aus dünnen Ästen mit einem Durchmesser von rund 15 cm (Abb. S. 39). Diese datieren in das 18. und 17. Jh. v. Chr. und waren wohl für die Errichtung von Flechtzäunen für Viehpferche bestimmt. Wahrscheinlich bestanden sie wie heute aus vertikalen und schrägen Stangen, die durch Ringe verbunden wurden. Noch heute gibt es vergleichbare Ringzäune fast überall in den Alpen.

Die ältesten Entdeckungen vom Schnidejoch datieren also an den Beginn des 5. Jt. und lassen sich noch mit den frühneolithischen Siedlungsfunden im Raum Sion, dem Ausgangspunkt für eine Überquerung des Schnidejoches, verbinden. In diesen Siedlungen

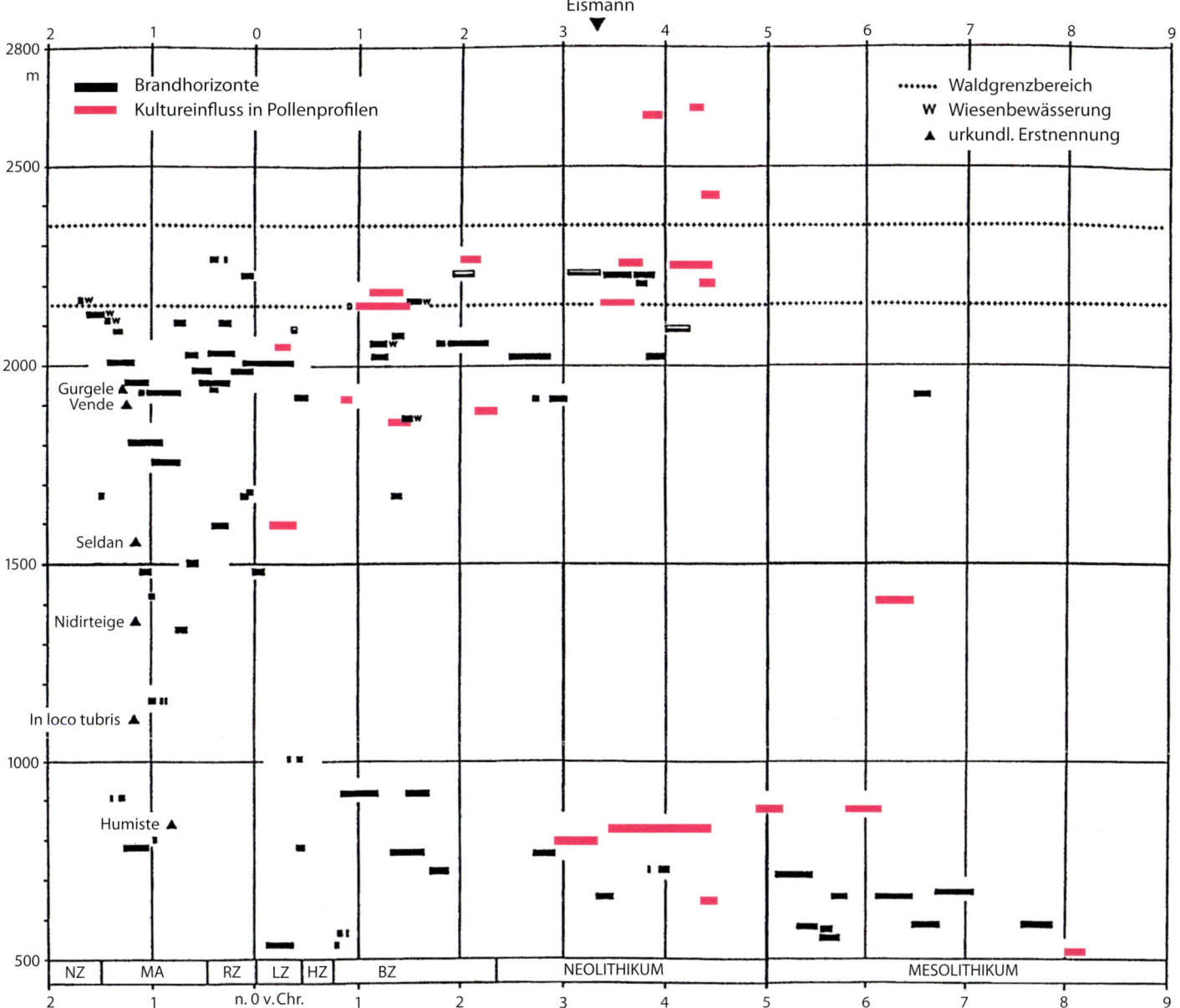

Blick zum Dachstein (Obersteiermark). Auf den ausgedehnten Almgebieten begann die Hochweidewirtschaft spätestens seit dem 2. Jt. v. Chr.

wurden wie bereits erwähnt Tierknochen entdeckt, die eine voll ausgeprägte Haustierhaltung mit einem auffallend hohen Anteil von Schaf und Ziege anzeigen. Wahrscheinlich hat man also diese Tiere über den Kamm der Berner Alpen zu den Weiden im oberen Simmental getrieben.

Ein sehr ergiebiges Forschungsprojekt der Universität Zürich untersucht im Silvrettagebiet, also in der Region Unterengadin-Paznaun-Montafon, anhand von Begehungen und kleinen Grabungen alle Spuren menschlicher Aktivitäten der letzten 12 000 Jahre auf den dortigen Bergen und Almen. Besonders spannend sind schon jetzt Entdeckungen in einem Abri im Val Urschai auf 2200 m Höhe. Neben einer Feuerstelle mit Tierknochen wurde eine Pfeilspitze aus Radiolarit und Keramik mit Lipidresten vom Ende des 4. Jt. v. Chr. gefunden. All dies deutet auf einen Unterstand von Hirten hin, die auch Käse herstellten.

Im hinteren Fimbertal wurde auf 2300 m Höhe eine rechteckige Blockhütte auf Steinsockeln aus dem frühen 1. Jt. erschlossen. Keramik und verbrannte Weizenreste weisen auch hier auf einen Sennbetrieb hin, der unmittelbar mit bäuerlicher Kultur im Tal verbunden war. Interessant ist übrigens auch ein späteisenzeitlicher ovaler Viehpferch mit ca. 250 m² Fläche im Val Tesna (Unterengadin bei Ardez).

In den Kamnik-Alpen im slowenischen Oberkrain werden seit vielen Jahren Forschungen zur Almnutzung während der Ur- und Römerzeit durch die Slowenische Akademie der Wissenschaften durchgeführt. Allerdings gibt es bisher nur wenige Andeutungen für eine frühe Almwirtschaft. Erste Spuren kennen wir dort erst seit der mittleren Bronzezeit. Inmitten der Hochebene von Velika planina, die ausgedehnte Almflächen mit einem Zugang vom oberen Savetal besitzt, liegt der kleine Hügel Počice (1550 m Seehöhe). Hier wurden zwar keine Strukturen, aber Keramik und Steingeräte auf größerer Fläche verteilt entdeckt.

Auch am Dachstein in der Obersteiermark haben jahrzehntelange Begehungen und archäologische Forschungen eine Reihe bronzezeitlicher Fundstellen ergeben, von denen einige mit Almwirtschaft zusammenhängen, beispielsweise ein Gebäude im großen Almgebiet der Lackenofengrube auf rund 2000 m Seehöhe. Die Rekonstruktion eines kleinen rechteckigen Blockhauses auf Steinfundamenten mit offenem Vorbau ist zwar nicht in allen Einzelheiten überzeugend, doch sprechen zwei Feuerstellen, Knochenfragmente von Pferd, Rind, Schaf, Ziege und Schwein sowie Keramik eindeutig für einen Almbetrieb (Abb. S. 40). Ein Radiokarbondatum weist auf die Zeit um 1370 v. Chr. Darüber hinaus zeigen Pollenanalysen von Mooren in der Umgebung, dass das Dachsteinplateau bereits seit dem 16. Jh. v. Chr. als Weideland genutzt wurde.

In Salzburg und Tirol legen gehäufte Brandhorizonte sowie Pollenuntersuchungen in einigen Gebieten oberhalb der Waldgrenze jedoch einen noch wesentlich früheren Beginn der Almbeweidung nahe (Abb. S. 41). Schon ab Mitte des 5. Jt. treten nämlich Weidezeiger auf, die eine Hochweidenutzung oberhalb von 2300 m Höhe bezeugen. Seit dem 4. Jt. wurde weiteres Weideland durch Brandrodungen geschaffen und die Waldgrenze nach unten gedrückt. Ab der mittleren Bronzezeit um die Mitte des 2. Jt. finden sich dann in Form von Sedimenten erstmals Belege für eine künstliche Bewässerung der Wiesen, was zu besseren Erträgen der Almen führte und vielleicht auch auf Heuernten für den Winter schließen lässt.

Seit dem 5. Jt. v. Chr. wurden vielfach die Hänge vom Talboden weg bis auf 1000 m Höhe hinauf gerodet und kultiviert. Dann ist deutlich zu sehen, dass sowohl von der Talsohle als auch von der natürlichen Waldgrenze aus eine Nutzung nach oben bzw. nach unten einsetzt. Diese Entwicklung ist bis in die Eisenzeit und darüber hinaus zu beobachten. Übrigens treten eingliedrige Steigschuhe aus Bronze mit vier kleinen Zapfen auf der Sohle erstmals im 10. Jh. v. Chr. in den Alpen auf und sind somit auch Beleg für die Begehung von Steilhängen im Zusammenhang mit Bergmahd und Hochweidewirtschaft. Später sind

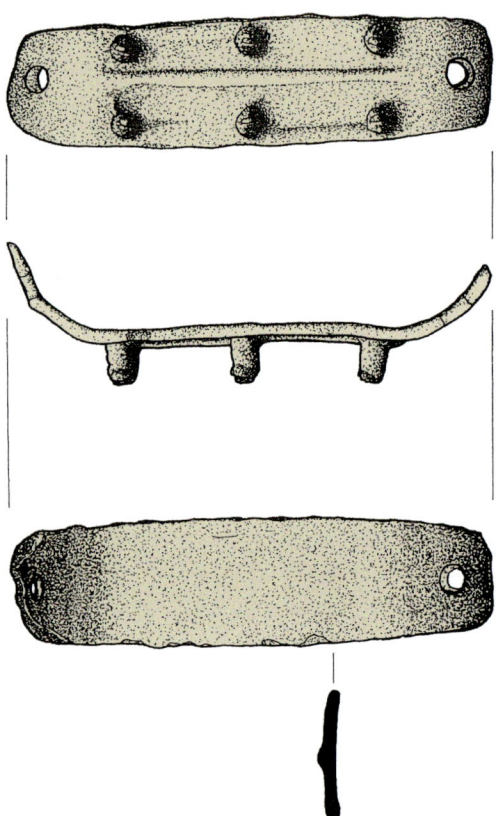

Steighilfe aus Bronze. Länge: 12,3 cm, Breite: 3,3 cm. 7./6. Jh. v. Chr.

Ötztaler Alpen (Tirol): Blick nach Westen über den Alpenhauptkamm. Nahe vom Tisenjoch, oberhalb vom Talschluss des Schnalstales (roter Kreis), taute die Eismann-Mumie im September 1991 am Rande eines Gletschers frei.

sie aus Eisen geschmiedet und können dann folgerichtig als Steigeisen bezeichnet werden.

Wie die Bestimmung des Lebensalters von neolithischen, bronze- und eisenzeitlichen Haustieren ergab, wurde in der Regel im Herbst ein Teil der Tiere geschlachtet, weil aus Mangel an ausreichend Futter nicht alle über den Winter gebracht werden konnten. Gleichzeitig sammelte man Laubfutter von Ulme, Esche und Weide als Vorrat für die verbleibenden Wiederkäuer.

Der Mann im Eis

1934 bis 1944 wurden am schnee- und eisbedeckten Lötschenpass in den Berner Alpen immer wieder Objekte eingesammelt, die hauptsächlich aus der frühen Bronzezeit stammten. Etwas westlich des Lötschenpasses liegt das Schnidejoch, wo seit 2003, wie beschrieben, prähistorische und jüngere Relikte aus einer nun abschmelzenden vergletscherten Zone zum Vorschein kommen. 1992 bis 1994 gab es im Zuge der Klimaerwärmung weitere Funde in den Ahrntaler Alpen: Am Gemsenjoch tauten aus einem Eisfeld unweit des Riesenferners früheisenzeitliche Kleidungsteile frei. Und schließlich ist die einzigartige Entdeckung am Tisenjoch in den Ötztaler Alpen zu nennen, wo im Herbst 1991 am Rand des Niederjochferners eine Mumie samt Kleidung und Ausrüstung aus dem 33. Jh. v. Chr. geborgen wurde. All diese Fundstellen befinden sich an hochalpinen Übergängen zwischen 2700 und 3200 m Seehöhe. Dabei stellen sie keineswegs Zeugnisse für einen Fernverkehr über die Alpenpässe dar, sondern weisen vielmehr auf kleinregionale Verbindungen von Tal zu Tal.

Das Tisenjoch ist ein uralter Übergang am Alpenhauptkamm zwischen dem Schnalstal auf der Südtiroler und dem oberen Ötztal auf der Nordtiroler Seite. Es liegt auf 3220 m Seehöhe. Unweit davon wurde ein etwa 45-jähriger, in seiner Zeit hochgestellter Mann auf der Flucht von einem nachstellenden Feind mit dem Pfeil tödlich getroffen. Sein Körper und seine Ausrüstung sind im Eis einer Felsvertiefung hervorragend erhalten geblieben. Die Bekleidung ist in hohem Maße als bergfest zu bezeichnen. Sie bestand aus Leder und Fellen von Ziege, Schaf und Rind sowie von einigen Wildtieren. In den Fellkleidern steckten einige ungedroschene Getreidekörner von Einkorn. Der Mann im Eis trug als Regen- und Windschutz einen langen Mantel aus Grasbinsen, wie sie noch bis zu Beginn des 20. Jh. von balkanischen Schafhirten verwendet wurden.

Oben: Kroatischer Schafhirt mit Umhang aus Binsen. Kolorierter Kupferstich nach einer Zeichnung von V. G. Kininger, 1821.

Rechts: Rekonstruktion von »Ötzi« mit Kleidung und Ausrüstung.

Felsvertiefung am Tisenjoch. Die Mumie von »Ötzi« lag bäuchlings auf der großen Felsplatte, von der der helle Wasserschlauch wegführt. Freilegung im August 1992.

Zu »Ötzis« Waffen gehören Bogen und Pfeile sowie ein Köcher und ein geschäftetes Kupferbeil. Des Weiteren trug er Messer, Bohrer, verschiedene Klingen aus Feuerstein sowie Ahlen, einen holzgeschäfteten Retuschierstift aus Knochen, einen Zunderschwamm, einen transportablen Glutbehälter aus Birkenrinde, einen weiteren identischen Becher und eine hölzerne Rückentrage mit langen Schnüren aus Baumbast bei sich.

Kleidung und Zubehör von »Ötzi« beweisen, dass man zu seiner Zeit den Schwierigkeiten und Gefahren des Hochgebirges begegnen und sich auch einige Tage und Nächte dort aufhalten konnte. Das im Bodeneis der Felsmulde konservierte Pollenspektrum datiert das Ereignis in den Spätsommer oder Frühherbst. Übrigens belegen Pollenanalysen im Rofental, einem nahe gelegenen Seitental des oberen Ötztales mit großen Almgebieten, eine älteste Beweidung bereits um 3800 v. Chr. Im analysierten Blütenstaub finden sich gehäuft die typischen Weidezeiger Sauerampfer, Spitzwegerich und Brennnessel, während die oberhalb der Waldgrenze wachsende Zirbe unverhältnismäßig reduziert erscheint, die Erle aber überproportional vertreten ist.

Anscheinend lebte »Ötzi« in einer bäuerlichen Gemeinschaft, die eine noch einfache Form der Almwirtschaft betrieb und Sommer für Sommer – wie heute noch – mit ihren Schafherden von Süden her zu den oberen Almen des Ötztales zog. »Ötzi« war übrigens Lactose-intolerant und konnte Milch und Butter nicht konsumieren. Vergorene Milchprodukte wie Joghurt oder Käse, die sicher auf den Almen hergestellt wurden, vertrug er jedoch.

Interessant sind auch die Mahlzeiten, die »Ötzi« in den letzten 30 Stunden vor seinem Tod zu sich genommen hatte und deren Reste im Magen und Darm bestimmt werden konnten: Die erste Mahlzeit bestand aus Steinbockfleisch, die zweite aus Getreidebrei oder Brot, die dritte aus Hirschfleisch und seine letzte Mahlzeit wieder aus Steinbockfleisch, Getreidebrei bzw. Brot, ferner Äpfeln sowie Milch oder Käse.

Der Eismann lebte im Schnals- oder oberen Etschtal (Vintschgau), wie Analysen von Pollen, also Blütenstaub, an seiner Kleidung ergaben. Die archäologisch untersuchten zeitgenössischen Siedlungen in diesen Tälern bestanden aus kleineren Häusern in Blockbauweise, die in einigen Fällen auch mehrräumig waren.

Sammeln von Früchten und Pflanzen

Auch im Neolithikum und den nachfolgenden Epochen spielte das Sammeln von Wildbeeren und Wildobst für die Ernährung eine gewisse Rolle. In den Seeufersiedlungen finden sich immer wieder verloren

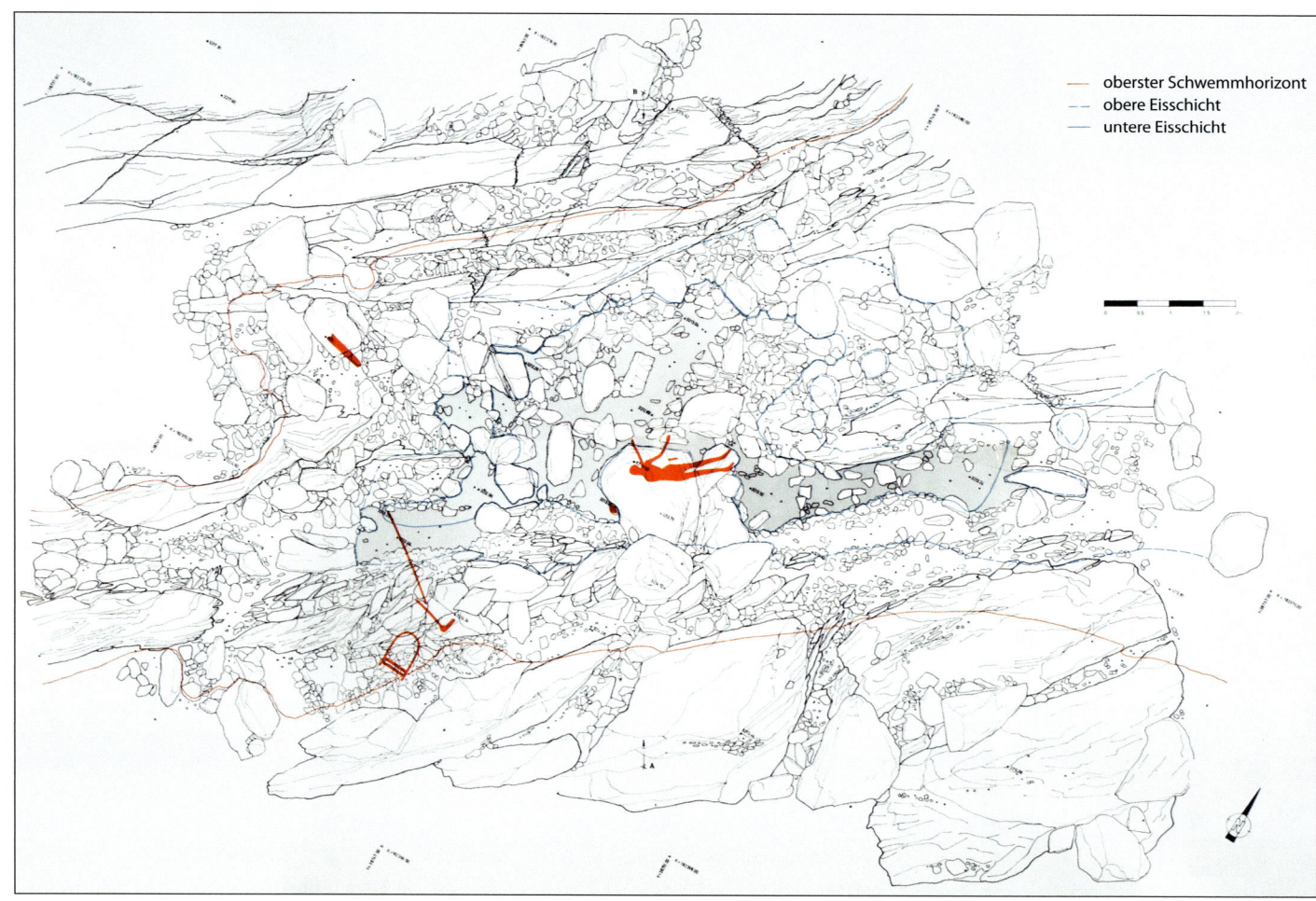

| oberster Schwemmhorizont
| obere Eisschicht
| untere Eisschicht

In einer Felsvertiefung beim Tisenjoch wurde die Mumie entdeckt. Daneben das abgelegte Zubehör: Köcher mit Pfeilen, Bogen, geschäftetes Kupferbeil und Rückentrage. Dunkelgrau: Sohle der Felsrinne.

gegangene oder verkohlte Früchte. Schwarze Holunderbeeren, Haselnüsse, Erd-, Him- und Brombeeren kommen recht häufig vor.

Unter den Funden der mittleren und späten Bronzezeit sind auffällig oft Kerne der Kornelkirsche. Daher nimmt man an, dass aus Kornelkirschen ein gegorenes Getränk hergestellt worden ist. In der Eisenzeit wurden Kornelkirschen bedeutend seltener gepflückt, möglicherweise, weil Wein aus Trauben hergestellt wurde und das Rauschgetränk aus Kornelkirschen an Bedeutung verloren hat. Traubenkerne von eindeutig kultiviertem Wein gibt es bereits während der späten Bronzezeit in den Alpen, so etwa auch am Gardasee. Zu diesem Zeitpunkt wurde Wein vielleicht noch hauptsächlich zum Verzehr gezogen. In der Eisenzeit hat man übrigens auch Bier aus vergorenem Getreide gebraut, wie entsprechende Rückstände beispielsweise in Pombia im Piemont zeigen.

Interessant sind verkohlte Apfelhälften in den Seeufersiedlungen. Dabei handelt es sich zweifelsfrei um Wildobst. Da nur gekochte oder gedörrte Pflanzen verkohlen können, sind diese Apfelfunde als gedörrtes Obst anzusehen, das auf diese Weise haltbar gemacht wurde. Auch Eicheln hat man in Notzeiten gesammelt. In der spätbronzezeitlichen Siedlung Chur-Karlihof (Graubünden) wurden gedörrte Eicheln in einem Backofen entdeckt. Wahrscheinlich wurden Eicheln nach dem Dörren gemahlen und zum Strecken von Getreidemehl verwendet.

Häufige Funde in Seeufersiedlungen zeigen, dass Heilpflanzen ebenfalls weiterhin geschätzt wurden. So sammelte man etwa Johanniskraut, das entzündungshemmende und wundheilende Wirkung besitzt.

Rohstoffe

Silex und Felsgestein

Schon der paläolithische Mensch hat seine Kleingeräte vielfach aus Silex hergestellt. Dabei handelt es sich um ein Kieselgestein mit dem Hauptbestandteil Kieselsäure. Zu Beginn seiner Entstehung vor Jahrmillionen haben verschiedene kleine Meerestierchen wie Kieselalgen, Kieselschwämme oder auch Radiolarien Kieselsäure zur Festigung ihrer Zellen aus dem Wasser aufgenommen. Nach ihrem Absterben löste sich die Kieselsäure auf und lagerte sich meist um Kristallisationskerne von Kieselskeletten toter Lebewesen ab. Im Laufe einer langen Zeit bildeten sich dann Sedimentationsbänder aus Platten- oder Knollensilices. Dazu gehören vorwiegend Hornsteine (Radiolarite) und Kreidefeuersteine. Nach einer Landbildung der Meeressedimente konnte der Mensch Silices an der Oberfläche einsammeln oder in Gruben freilegen. Aber erst im Neolithikum kam es zu einer untertägigen bergmännischen Gewinnung. Beim Zuschlagen bricht der Silex aufgrund seiner konzentrischen Struktur muschelförmig und bekommt damit die für die Werkzeuge wichtigen scharfen Kanten.

Bei Grabungen der Universität Innsbruck wurden in den letzten Jahren am Bärenkopf im Kleinwalsertal (Bregenzer Wald) mehrere mesolithische Abbaustellen von rotem und grünem Radiolarit auf etwa 1600 m Höhe entdeckt und untersucht. Der Abbau erfolgte stufenförmig an der Oberfläche mithilfe kugelförmiger Steinhämmer. Dies ist der bisher älteste und gleichzeitig höchstgelegene Abbau von Silex in den Alpen.

Am Rothorn-Joch (2200 m) in den Allgäuer Alpen kommt ein in dicken Platten geschichteter Silex vor, der treppenförmig gebrochen wurde. Die Zeitstellung dieser Silexgewinnung ist noch nicht endgültig geklärt, doch fällt sie spätestens in das Neolithikum. Auch hier ist übrigens das Fragment eines Steinhammers gefunden worden.

Einen sehr alten Abbau von Bergkristall – vielleicht neolithisch – kennt man vom Riepenkar (2800 m) in den Tuxer Alpen in Nordtirol, wo dieser besonders harte Rohstoff aus mächtigen Quarzadern herausgelöst wurde.

2010 begann die Österreichische Akademie der Wissenschaften am Ostrand des steirischen Randgebirges in der Ebene von Rein, Abbaupingen in einer Hornstein-Lagerstätte freizulegen. Diese grubenförmigen Vortriebe dürften bis zu 5 m tief gewesen sein, um grauen Hornstein in Platten- und Knollenform

Unten links: Grubenförmige Gewinnung von Hornstein in Rein (Steiermark). Der freigelegte Rand einer Abbaupinge ist im linken Feld der Sondage zu erkennen. 1. Hälfte 4. Jt. v. Chr.

Unten rechts: Spuren von mesolithischem Radiolaritabbau am Bärenkopf im Kleinwalsertal (Vorarlberg). Im Vordergrund ein Klopfstein.

Platten und Geräterohlinge aus Hornstein aus den Pingen in Rein.

zu gewinnen. Zu den Funden zählen ein Ambossstein und das Fragment eines Hammers aus Quarzit mit Schlagmarken sowie Brocken von Hornstein, Abschläge und sogar kleine Geräte aus Hornstein, die die Bergleute benutzt haben. Ein Radiokarbondatum von Holzkohle aus den Pingen datiert die Hornsteingewinnung zwischen 3800 und 3600 v. Chr. Die Qualität des Reiner Hornsteins ist besonders gut, und es überrascht daher nicht, dass sich Silexgeräte aus diesem Material in kupferzeitlichen Siedlungen am gesamten Alpenostrand finden.

Natürlich wurde Silex auch anderswo in den Alpen abgebaut. Einen umfangreichen, seit der Kupferzeit lange andauernden Silexabbau kennt man etwa am Monte Lessini am Südalpenrand nördlich von Verona. Einige Artefakte von »Ötzi«, gute 150 km nördlich davon, sind aus diesem Rohstoff gefertigt.

Felsgesteine, also vorwiegend Quarzit, Amphibolit und Kalkstein, kommen in den Alpen fast überall vor, nicht nur am Berg, sondern auch in Flüssen, wo sie leicht gesammelt werden konnten. Schon im Paläolithikum existierten Schlaggeräte, mit denen Artefakte aus Silex hergestellt und zugerichtet wurden, aus zähen Felsgesteinen. Im Neolithikum wurden daraus Hämmer, Beile oder Lochäxte zugeschlagen. Zum Schleifen, beispielsweise bereits der paläolithischen »Pfeilglätter« oder dann vor allem der neolithischen Großgeräte wie Beile oder Lochäxte, wurden Sandsteine verwendet. Die zusätzliche Feinpolitur erfolgte durch Reiben mit nassem Sand.

Frühe Kupfergewinnung

Schon im 7. Jt v. Chr. wurden in Anatolien oberflächennahe Kupfererze abgebaut. Im 5. Jt. erreichte diese erste Phase der Kupfergewinnung auch das südöstliche Europa. Aus oxydischen und karbonatischen Erzen, also vor allem aus Malachit, schmolz man Kupfer, das für die Herstellung von Schmuck, Pfriemen und Ziernadeln, aber auch von Schwergeräten wie massive große Beile und Lochäxte verwendet wurde. Diese Großgeräte wurden in Gräbern und Depots gefunden und dienten mit Sicherheit auch als Wert- und Handelsobjekte. Gegen Ende des 5. Jt. wurde dem Kupfer im Karpatenbecken häufig Arsen, manchmal auch Antimon zur besseren Gussfähigkeit beigemengt. Noch in dieser Zeit entstand in Transdanubien und am Alpenostrand eine selbständige Kupfermetallurgie, die schließlich auch auf die Ostalpen übergriff.

Die ältesten Spuren von Kupferverarbeitung und vielleicht auch einer lokalen Kupfergewinnung in den Alpen stammen bisher von einer Pfahlbaustation am Keutschachersee in Mittelkärnten. Die Kupferrückstände auf großen tönernen Gusslöffeln enthalten Arsenzusätze und datieren spätestens in die Zeit um 4000 v. Chr.

In der zwischen dem nordöstlichen Alpenhauptkamm und den nördlichen Kalkalpen gelegenen Grauwackenzone, die sich vom Schneeberg im Osten bis nach Schwaz im Tiroler Inntal erstreckt, gibt es reiche Kupfervererzungen. Die zuoberst liegenden oxydischen Erzgänge reichen bis in eine Tiefe von rund 5 m und bestehen aus Malachit und Azurit. In manchen Revieren sind sie bereits im späten Neolithikum abgebaut worden. Das gewonnene Kupfer wurde hauptsächlich in den Seeufersiedlungen am Mond- und Attersee im Salzkammergut am nördlichen Alpenrand um die Mitte des 4. Jt. für den eigenen Bedarf und für den Handel zu Beilen, Dolchen, Pfriemen, Angelhaken und Schmuckspiralen verarbeitet. Gusslöffel mit anhaftenden Kupferschmelzresten belegen eine lokale Herstellung. Jedoch weisen die Objektformen nach Westungarn und Südosteuropa. Überdies besitzt das Kupfer am Mond- und Attersee einen hohen Arsenanteil wie im Karpatenbecken.

Nun kommen am Ende des 5. und im 4. Jt. v. Chr. in den Pfahlbausiedlungen der Pfyner- und Cortaillod-Kultur in der Nordost- und Westschweiz ganz ähnliche Flachbeile und Hakenspiralen wie im Salzkammergut vor. Die Kupferanalysen lassen außerdem erkennen, dass das benutzte Kupfer aus der ostalpinen Grauwackenzone stammte. Funde von Gusstiegeln beweisen jedoch, dass man importiertes Ostkupfer selbständig verarbeitet hat.

Ab etwa 3000 v. Chr. entwickelte sich in der Westschweiz und Ostfrankreich allerdings eine Metallurgie mit eigenen Formen von Beilen, Dolchen, Meißeln, Ahlen und Schmuck aus Nadeln, Perlen und Anhängern. Ein Teil des eingesetzten Kupfers ist wohl in der Region selbst gewonnen worden, ein anderer in Norditalien und Südfrankreich. In Cabrières (Dep. Hérault) sind tatsächlich auch Abbauschächte und Schmelzplätze des ausgehenden Neolithikums und der frühen Bronzezeit entdeckt worden.

Im 3. Jt. kann man fast überall von einer entwickelten Metallurgie sprechen. Nun wurden verschiedene Erztypen, darunter auch sulfidische Erze, im untertägigen Bergbau gewonnen. Diese Kupfererze mussten bei höheren Schmelztemperaturen reduziert werden. Die hergestellten Kupferobjekte hatten jedoch vorerst weniger praktischen als prestigeträchtigen und kultischen Wert.

Später dann, zu Beginn der Bronzezeit, wurde die Metallurgie enorm intensiviert. Der Bergbau wurde komplexer, auch Fahlerze mit mehreren metallischen Nebenbestandteilen wie Antimon, Arsen, Nickel und Silber hat man gefördert und die Schmelztechnik wesentlich verbessert. Gegenstände aus Fahlerzkupfer waren bereits relativ hart, beinahe wie jene aus Bronze. Kupfererze wurden jetzt nicht nur in der ostalpinen Grauwackenzone und in den Alpen der Westschweiz abgebaut, sondern auch an vielen anderen örtlichen Lagerstätten. Entscheidend für die Neuorientierung der Wirtschaft war jedoch, dass Kupfer mit einem kleineren Anteil an Zinn legiert wurde, woraus das harte Bronzemetall entstand, aus dem wirkungsvolle, größere Geräte und Waffen hergestellt werden konnten. Diese wurden dann oft über weite Entfernungen transportiert und gehandelt.

Wie muss man sich die Suche nach, den Abbau und die Verarbeitung von Kupfererzen in prähistorischer Zeit vorstellen? Aufgrund der deutlichen Impulse der karpatenländischen Metallurgie auf die frühe alpine Kupfergewinnung ist bisher nicht klar, ob

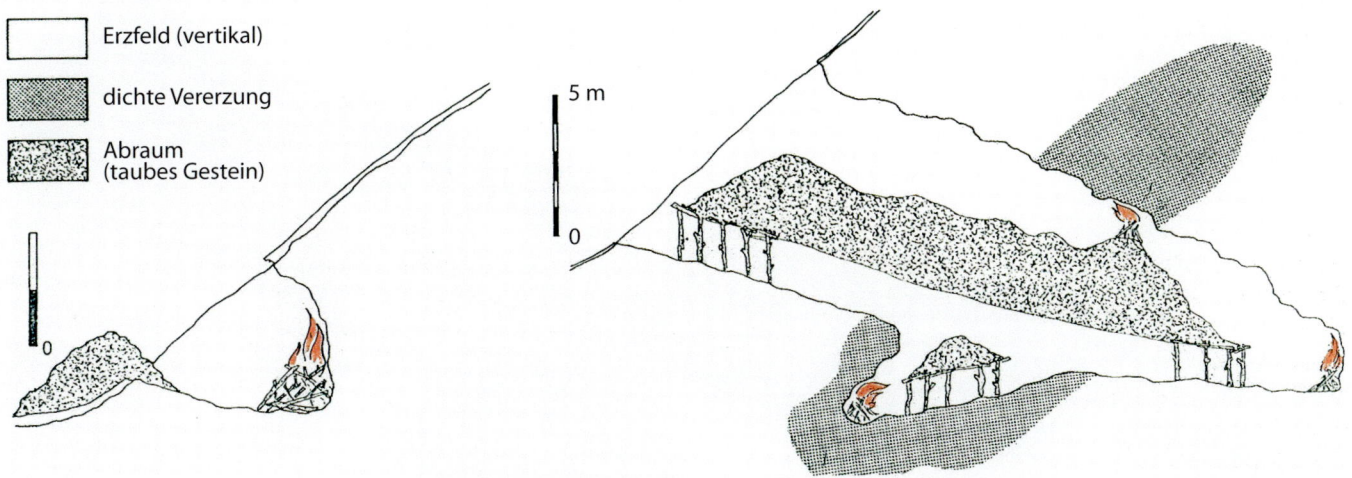

Rekonstruktion von Vortrieb und Stollen sowie Arbeitstribünen in der Vererzungszone am Mitterberg bei Mühlbach-Bischofshofen (Salzburg). Querschnitt durch Vererzungszone.

- Erzfeld (vertikal)
- dichte Vererzung
- Abraum (taubes Gestein)

Einödberg bei Mitterberghütten (Salzburg): Balkenreste von Arbeitstribünen im Arthurstollen aus der Mitte des 2. Jt. v. Chr.

nicht auswärtige Prospektoren an der Suche nach Erzen beteiligt waren. In der Grauwackenzone, einer Schieferzone zwischen den Zentral- und nördlichen Kalkalpen, kommt besonders reichlich Kupfererz in schmalen, tektonisch bedingten Spalten vor. Ursprünglich zeigten sich an der Oberfläche schwache Erhebungen mit Erzausbissen. Durch Verwitterung lösten sich in diesem Horizont Schwefel und andere Bestandteile auf, es entstand ein oxydisches Kupfererz, das in einfachen Gruben geschmolzen werden konnte. Nach dem Abbau solcher Erze und mit technischen Verbesserungen erfolgte ein Abbau von sulfidischen Erzen in größerer Tiefe.

Besonders gut erforscht ist die bronzezeitliche Kupfergewinnung im Revier Mitterberg zwischen Bischofshofen und Mühlbach im mittleren Salzachtal in Salzburg. Schon im 19. Jh. ist der moderne Bergbau auf umfangreiche Spuren des »Alten Mannes« gestoßen. Neuere Untersuchungen der Universität Heidelberg, des Salzburg Museums und des Bergbaumuseums in Bochum ermöglichen nun eine detaillierte Rekonstruktion von den Abbauarbeiten bis zum Schmelzen von Rohkupfer.

Gleichlaufend zu den 1 bis 3 m starken Erzfeldern hat man steile Stollen angelegt, in denen das Erz mit Holzkeilen und Steinschlägel herausgelöst werden konnte. Das erzhaltige Gestein konnte aber auch durch Feuersetzen und abschließendes Abschrecken mit Wasser mürbe gemacht und dann mit Schlägel

Trog und Schaufel vom Mitterberg aus der Bronzezeit.

Bronzezeitliche Aufbereitung von Kupfererz.

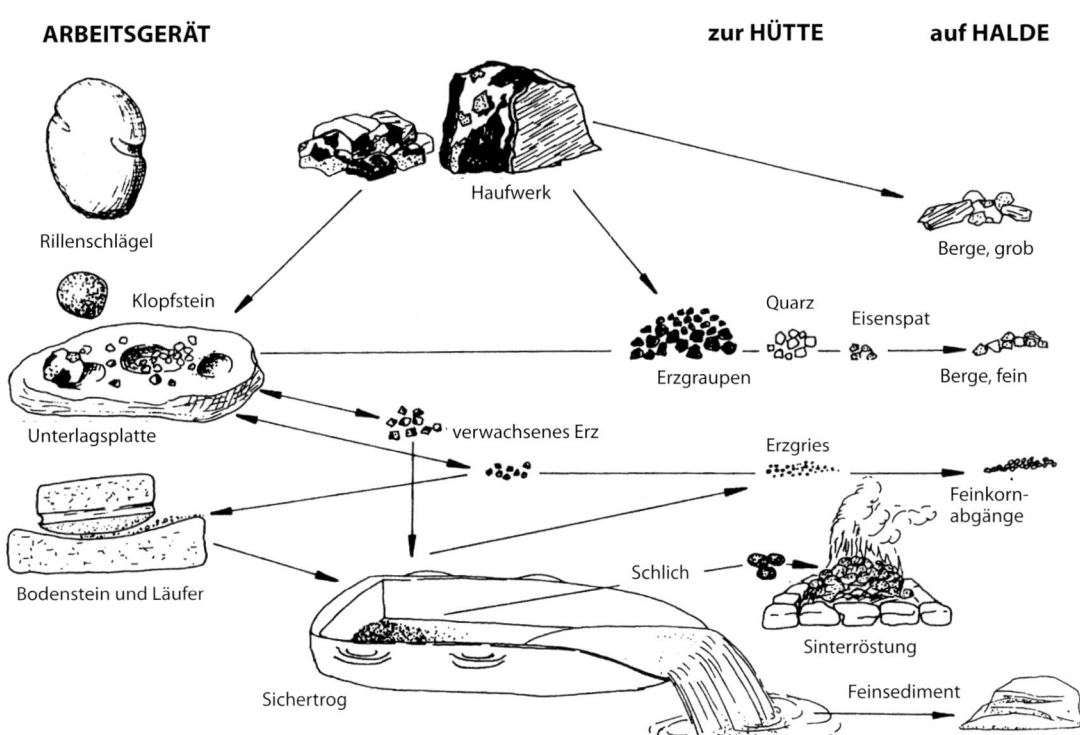

und Bronzepickel aus dem Fels herausgeschlagen werden. Man baute von unten nach oben ab und errichtete in den Hohlräumen hölzerne Arbeitstribünen, auf denen auch der Versatz gelagert wurde (Abb. S. 51f.). Schwierige Strecken wurden durch Steigbäume mit Trittkerben überbrückt. Am Ende der Bronzezeit erreichte der Abbau Grubentiefen von bis zu 190 m.

Das schon in der Grube zertrümmerte Erz wurde in Säcken oder Trögen nach oben getragen. Auf Scheidplätzen zerkleinerte man die Erzbrocken mit Klopfsteinen auf Unterlagsplatten weiter, um taubes Gestein abzutrennen. Stark verwachsenes Erz wurde auf Korngröße gemahlen und das Erzkonzentrat in kleinen, schmalen Holztrögen geschwemmt, um das taube Material vom schweren Erzsand zu scheiden. Am Mitterberger Troiboden entdeckte man Holzrinnen und holzverschalte Becken, in denen diese nassmechanische Aufbereitung stattgefunden hat.

In der Waldzone erfolgte das Rösten und Verhütten des gereinigten Erzes. Zum Rösten, das der Verringerung des Schwefelanteils diente, baute man langrechteckige Röstbetten mit Steineinfassung, in denen auf Brennholz der in Kuhmist oder Lehm eingebettete Erzsand aufgeschichtet wurde. Noch tiefer im Gelände und meist an Wasserläufen wurden zum Schmelzen mehrere meist paarweise nebeneinanderliegende Schachtöfen errichtet, in denen man gleichzeitig die beiden Hauptschmelzvorgänge durchführen konnte. Sie hatten einen U-förmigen Grundriss und waren oft in einen Steilhang eingesetzt, um bei der Feuerung den Aufwind auszunutzen. Man führte dem Ofenfeuer aber auch mit ledernen Blasebälgen Luft zu, von denen sich Tondüsen in den Ofenwänden erhalten haben.

In einem der beiden Doppelöfen schichtete man Holzkohle, Erz und Zuschläge wie Quarz übereinander. Bei einer Brenntemperatur von mehr als 1300 °C floss Schlacke ab und ließ Kupferstein (Kupfersulfid) als erstes Zwischenprodukt zurück. Im anderen Ofen wurde der vorher noch geröstete Kupferstein zu Schwarz- oder Rohkupfer eingeschmolzen. Dabei wurden die noch vorhandenen Eisenanteile weitgehend über die Schlacke gebunden. Sicher hat man auch kupferreiche Schlacke zermahlen, mithilfe von Wasser aus einem nahen Bach aufbereitet und dann abermals geschmolzen. Das Ergebnis des gesamten Schmelzprozesses waren kleine Roh- oder Schwarzkupferstücke oder Kugeln (prills), die man in Gruben zu 1 bis 5 kg schweren, brotlaibförmigen Gusskuchen zusammenschmolz. Solche Gusskuchen wurden in den Bergbaugebieten als vorläufige Transportform von Rohkupfer hergestellt.

Röstbetten und Schmelzöfen sind nicht nur am Mitterberg, sondern beispielsweise auch in der Ramsau in den Eisenerzer Alpen erforscht worden. Dazu kommen Befunde von Kurtatsch im Südtiroler Nonstal sowie in der Valsugana und in Acqua Fredda im

Trentino. Überall sind ähnliche Ofenpaare charakteristisch. In der Spätbronzezeit nahmen die Verhüttungsanlagen ein oft sehr großes Ausmaß an, da der Bedarf an Kupfer enorm gestiegen war. Gleichzeitig hatte das Know-how des Erzschmelzens ein besonders hohes Niveau erreicht. Dies zeigt das Verhüttungszentrum in Acqua Fredda sehr eindrucksvoll. Neben den batterieartig gebauten Doppelöfen wurden die Schlacken nochmals aufbereitet, wofür ein mit Holz ausgelegter Kanal mit regulierter Wasserzufuhr diente. Nach dem Schmelzen wurde das Rohkupfer an Feuerstellen weiter verarbeitet, die auf einer gemauerten Plattform lagen.

Welchen Umfang die durchschnittliche Kupfergewinnung allein im Bereich des Mitterberger Hauptganges zwischen der endenden Frühbronzezeit und der ausgehenden Bronzezeit (ca. 1700–800 v. Chr.) – also in den 900 Jahren der größten Produktion – hatte, zeigt eine Schätzung, wonach damals rund 12 000 t Rohkupfer aus den geförderten Erzen erschmolzen wurden. Dies entspricht durchschnittlich einer Menge von mehr als 13 t Kupfer pro Jahr. Eindeutiger Schwerpunkt der Kupferproduktion lag dabei in der späten Bronzezeit (13.–9. Jh. v. Chr.). In diesem Zeitabschnitt gibt es in Mitteleuropa zahllose Metallhorte, die fragmentierte Bronzeobjekte bei einem Gesamtgewicht von bis zu 50 kg und teils mehr enthalten. Auch daran ist zu erkennen, dass gewaltige Mengen an legiertem Kupfer im Umlauf waren.

Das für die Bronzelegierung erforderliche Zinn steht in den Alpen nicht an. Zinnerz kommt in Südengland, in der Bretagne, im westlichen und zentralen Spanien sowie – für den Alpenraum noch am nächsten – im deutschen Mittelgebirge vor. Der Abbau erfolgte kaum bergmännisch, da man von der Antike bis zur Neuzeit hauptsächlich angeschwemmten zinnhaltigen Kies an Flussufern einsammelte und aufbereitete.

Die Handelsform von Kupfer und seine weitere Verarbeitung

Reifenförmige Kupferbarren bildeten die frühbronzezeitliche Handelsform des gewonnenen Metalls. In den Bergbaugebieten treten aber nur Gusskuchen auf. Die Ringbarren wurden daher offenbar in Metallwerkstätten außerhalb, nämlich im unmittelbar nördlichen Vorfeld der Ostalpen gegossen. Gehämmerte und an der Oberfläche überarbeitete, polierte Stücke finden sich auch als Halsschmuck in Frauengräbern im Donaubereich. Die nicht bearbeiteten Reifen oder Ringbarren kommen in großen Depotensembles entlang der Handelswege und hier wieder besonders entlang der großen Flüsse vor. Man kann von einer frühen Art des Geldes sprechen, was sich vor allem an der weiteren Entwicklung von Form und Gewicht dieser Barren zeigt. Aus den 190 bis 210 g schweren Ringbarren entstanden noch am Ende der Frühbronze-

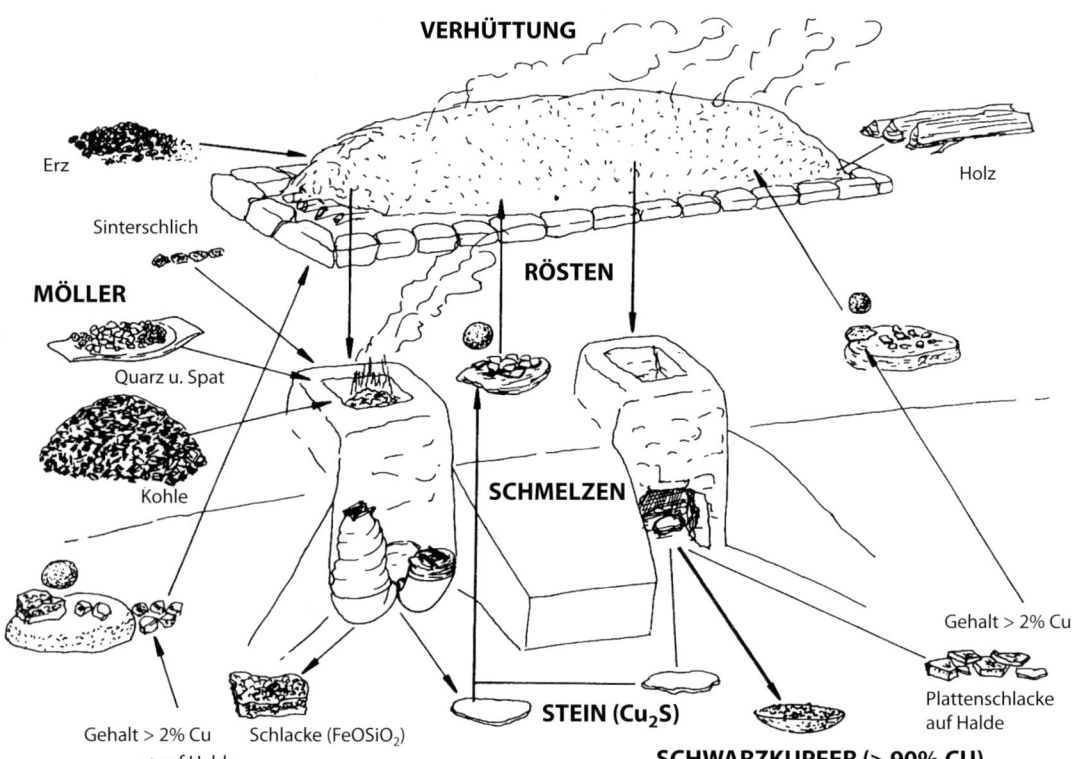

Rösten und Schmelzen von Kupfererz in der Bronzezeit.

Acqua Fredda: Paare von Schmelzöfen vor einer breiten Arbeitsplattform. Späte Bronzezeit.

zeit zuerst gestreckte, dann lang gestreckte und schließlich lang ausgezogene Spangen mit Klammerform. Das Gewicht verschob sich von rund 180 bis 195 g über 155 g bis auf nur rund 88 g. Ganz deutlich lassen sich somit jeweils einer bestimmten Form angepasste, genormte Handelsgewichte erkennen (Abb. S. 56).

Im Voralpengebiet enthalten die Depots dieser Zeit meist ausschließlich Ring- oder Spangenbarren, in weiter entfernten Gegenden aber auch andere Metallobjekte, nämlich meist fragmentierte Bronzen, die zum Recyceln und Einschmelzen bestimmt waren. Aus der Verbreitung der reinen Barrendepots lassen sich regelrecht die Absatzgebiete für ostalpines Kupfer ablesen. Dies waren einmal das bayerische Alpenvorland südlich der Donau und andererseits Böhmen, wohin über die Donau hinweg eine wichtige Verbindung über den Kerschbaumer Sattel oder die Freistädter Senke verlief.

In den Westalpen kommen Ösenhalsringe oder Spangenbarren nur vereinzelt vor. Vermutlich waren es zunächst Randleistenbeile, die für die Kupferverarbeitung oder als Wertmesser in den Handel gebracht wurden. Dazu kommt während der mittleren Bronzezeit auch die primäre Rohkupferform, der Gusskuchen, in den allgemeinen Umlauf. Gusskuchen finden sich aber selten ganz, sondern hauptsächlich bereits zerteilt in den Horten.

Bei der Legierung von Kupfer mit Zinn wurden die Relationen meist genau auf die Größe und Funktion des Gegenstandes abgestimmt, der hergestellt werden sollte. Kleine Objekte wie Nadeln, Fibeln und andere Schmuckstücke mussten noch überschmiedet werden, weshalb man dem Kupfer nur wenig Zinn, maximal bis zu 7 %, beimischte. Größere Objekte, die besonders fest und hart werden sollten, erhielten einen Anteil von bis zu 10 % Zinn oder sogar mehr. Oberflächlich konnten sie aber trotzdem noch zugerichtet werden.

Zum Gießen wurde das Metall über einem Herd- oder Grubenfeuer in Tiegeln aufgeschmolzen (Abb. S. 58). Blasrohre mit kleinen Tondüsen fachten das Feuer an. In eine Formplatte aus Ton, Stein oder sogar Lavez, die das Negativ des gewünschten Objektes bildete, wurde das flüssige Metall eingegossen (Abb. S. 58). In der Spätbronzezeit erreichte die Gusstechnik eine hohe Perfektion. Die Blasebälge waren mit großen, knieförmig gebogenen Tonröhren besetzt,

56 | Rohstoffe

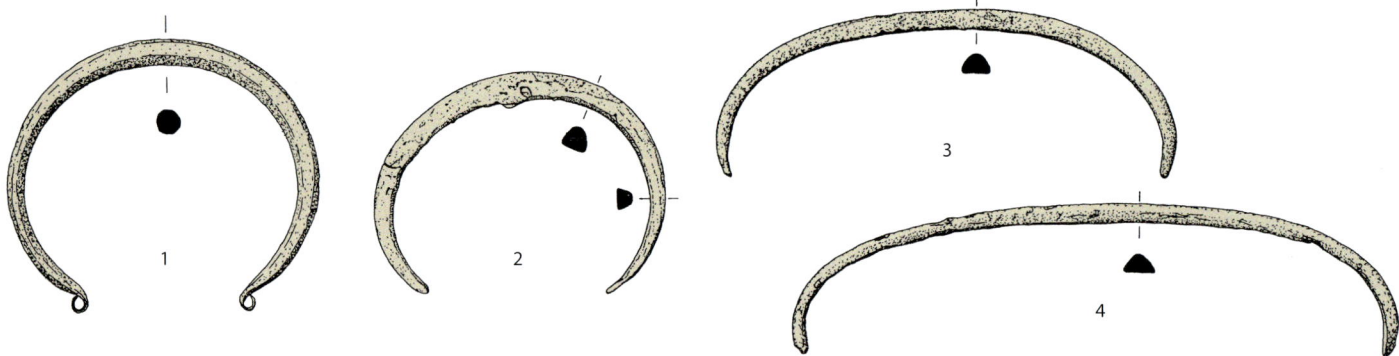

Entwicklung vom Ösenring- zum Spangenbarren in der Frühbronzezeit. 1 Bergheim, 2 Obereching, 3 München-Luitpoldpark, 4 Waging. Maßstab ca. 1:3.

was die Hitzebildung des Feuers wesentlich steigerte. Solche Aufsätze sind aus Schweizer Seeufersiedlungen, aber auch aus Tirol gut bekannt. Außerdem kommen jetzt zweischalige, passgenaue Gussformen zur Anwendung. In diesen Gussformen aus zwei gleichen Teilen konnten auch Zapfen eingesetzt werden, die eine Herstellung von hohlen Objekten wie z. B. Tüllenbeilen ermöglichten.

Zur selben Zeit wurde auch das Wachsausschmelzverfahren erstmals angewendet, also der so genannte Guss in verlorener Form. Plastisch anspruchsvolle Formen wie Knäufe oder Griffe von Schwertern oder auch Figuren konnten auf diese Weise günstig im Guss erzeugt werden. Über eine in Wachs geknetete Form wurde ein Tonmantel mit Einguss- und Luftabzugslöchern gelegt. Beim Brennen des Tonmodels floss das Wachs ab. In die Höhlung des Models wurde sodann Bronze eingegossen und das Model selbst nach Erstarren der Bronze zerschlagen. Die Oberfläche des derart hergestellten Bronzeobjekts musste natürlich noch überarbeitet werden, etwa durch Hämmern, Abfeilen oder auch durch Anbringen von Verzierungen.

Zu den Werkzeugen des Bronzeschmieds gehörten Hammer, Amboss und Meißel in verschiedenen Größen, Sägeblätter und Pfrieme. Mit den Meißeln wurden das Rohmetall und auch beschädigte Bronzegegenstände gespalten, um sie für das Einschmelzen zu zerkleinern. Mit Punzen und Ziseliergeräten konnte man fertige Objekte verzieren. Auch das Einlegen von Eisenzierraten in Bronze war bereits bekannt.

Bronzegefäße wurden aus Blech, das aus Rohbronze getrieben war, mit einem Treibhammer in die gewünschte Rundung gebracht. Um das Blech formbar zu machen, musste es allerdings wiederholt aufgeglüht werden, da es sonst zu spröde gewesen wäre und Risse bekommen hätte.

Ob es Wanderhandwerker unter den Bronzeschmieden gab, lässt sich noch nicht sagen. Es ist aber Tatsache, dass manche Prestigeobjekte oder auch auf-

Spangenbarrendepot aus der frühbronzezeitlichen Siedlung in Obereching an der Salzach (Salzburg).

Barrendepot in Schiers-Montagna (Graubünden) aus Kupfergusskuchen und schweren bronzenen Lochhämmern mit nicht abgearbeiteten Gussnähten. Der Zinnanteil der Hämmer beträgt bis zu 30 %. Wahrscheinlich späte Bronzezeit.

wendig hergestellte Gegenstände wie z. B. Schwerter überregional verbreitet waren. So war etwa das Antennenschwert vom Typ Tarquinia am Ende der Bronzezeit von Mittelitalien über die Poebene bis in die West- und Ostalpen bekannt. Vereinzelt gibt es sogar noch Funde im nördlichen Mitteleuropa. Diese extrem weite Verbreitung könnte mit Fernhandel, aber ebenso mit Wanderhandwerkern, die mit Gussmodellen unterwegs waren, erklärt werden (Abb. S. 59).

Kupfergewinnung und Siedlungsstrukturen

Ausgrabungen und systematische Erkundungen in einigen kupfer- und bronzezeitlichen Bergbaugebieten geben uns einen gewissen Einblick in den Ablauf der Besiedlung. So lässt sich beispielsweise für den Raum Bischofshofen-Mühlbach, wo mit dem Kupfererzabbau schon im 4. Jt. begonnen wurde, eine interessante Entwicklung verfolgen (Abb. S. 65).

Auf dem kleinen Plateau eines hoch aufragenden Felskopfes, dem Götschenberg (Abb. S. 60), am Rande des Salzachtales bei Bischofshofen und in unmittelbarer Nähe der Mitterberger Ostgänge wurden Reste von drei kleinen Grubenhütten in Pfostenbauweise mit lehmbeworfenen Flechtwerkswänden aufgedeckt. Sie datieren in das zweite Drittel des 4. Jt. Haustierknochen und Pollenanalysen aus nahe gelegenen Mooren zeigen, dass nach einer intensiven Rodung Ackerbau und Viehzucht die Lebensgrundlage der

Bewohner bildeten. Gleichzeitig bauten diese aber auch oxydische Oberflächenerze am Mitterberg ab, wie Schmelz- und Gussreste von Rohkupfer belegen (Abb. S. 60). Die Lage der kleinen Siedlung auf einem natürlich geschützten Felshügel sollte Überfälle, die dem wertvollen Metall gelten konnten, verhindern. Das Rohkupfer wurde zu den Seeufersiedlungen am Mond- und Attersee gebracht, die rund 100 km Wegstrecke entfernt lagen. Jedenfalls kommt am Götschenberg die typische »Mondseekeramik« vor, also Henkelgefäße mit geometrischer Furchenstichverzierung, die mit weißem Muschelkalk inkrustiert ist (Abb. S. 64). Dies lässt darauf schließen, dass man Kupfer gegen elegante Keramik tauschte oder aber auch, dass der Götschenberg eine der Außenstellen für die Kupferbeschaffung dieser Seeufersiedlungen war.

Im 3. Jt. war der Götschenberg nicht besiedelt. Jedoch gab es auf einer hügeligen Halbinsel zwischen der Salzach und dem Fritzbach, am Sinnhubschlößl unweit nördlich von Bischofshofen, eine Siedlung mit deutlichen Spuren der Kupferverarbeitung. Einerseits war man hier in Sicherheit, andererseits konnte man die Wege entlang der Flusstäler bei Gefahr abriegeln bzw. durch Maut kontrollieren.

In einem jüngeren Abschnitt der frühen Bronzezeit, um 1800 v. Chr., wurde der Götschenberg erneut besiedelt und diesmal auch am gesamten Nordhang. Schlackenfunde in der Siedlung belegen, dass jetzt sowohl sulfidische Kupferkiese als auch Fahlerze im Untertagebau gewonnen wurden. Blütenstaubuntersuchungen in umliegenden Feuchtgebieten weisen außerdem auf weitgehende Rodungen der Wälder hin, was mit dem gestiegenen Bedarf an Gruben- und Brennholz für Bergbau und Verhüttung erklärt werden könnte. Gleichzeitig zeigen Pollenanalysen aber auch, dass es einen umfangreichen Getreideanbau gab und die Bergleute zugleich bäuerlichen Arbeiten nachgingen. Eine kleine, mit einem hohen Steinwall umgebene Siedlung mit Spuren der Kupferverarbeitung lag am Klinglberg, einer Rückfallkuppe auf der Hochterrasse von St. Veit etwas weiter flussaufwärts im Salzachtal. Sie befand sich ebenfalls unweit einer Kupferlagerstätte. Wie am Götschenberg war auch hier die Hauskeramik mit Kupferschlacke gemagert.

Eine schon größere, mit Wällen und Gräben befestigte Bergbausiedlung wurde im 16. Jh. am Burgstall, einem Vorberg oberhalb von Bischofshofen, errichtet. Für diese Zeit fällt auf, dass die Zahl der Siedlungen im Salzachtal zunahm, darunter auch besonders große. So etwa auf der Hochterrasse von St. Johann im Pongau, südlich von Bischofshofen, wo zahlreiche Röstöfen für die Raffination von Kupferstein gefunden wurden. Diese Entwicklung fällt zeitlich mit der Intensivierung des Bergbaus am Mitterberg zusammen.

So scheint es sehr wahrscheinlich, dass die Spezialisierung auf Bergbau seit der mittleren Bronzezeit im Salzachpongau und vielen anderen Bergrevieren einen hohen Grad erreicht hatte. Es kam zur Herausbildung mehrerer eigener Berufsstände und Spezialisten, die jeweils für den Abbau, die Aufbereitung, Verhüttung und Metallverarbeitung zuständig waren. Damit einhergehend waren solche Bergmannsgemeinschaften aber zunehmend von der Versorgung mit Nahrungsmitteln durch Bauern in der Umgebung abhängig.

Wie die Befunde am Klinglberg besonders deutlich zeigen, wurden Erze auch im Winter abgebaut.

Gusslöffel aus Ton mit Kupferschmelzresten aus der bronzezeitlichen Seeufersiedlung am Ledrosee (Prov. Trentino).

Dann war die Bewetterung günstig und Wassereinbrüche im Berg nicht zu befürchten. Natürlich ging man der Kupfergewinnung unter Tage auch in der warmen Jahreszeit nach und konnte sich dabei manchmal mit einer Almwirtschaft am Berg weitgehend selbst mit Nahrung versorgen. Dafür geben die Freilegungen auf der Kelchalm (mit einer Seehöhe um 1800 m) bei Aurach in Tirol präzise Hinweise. Auf und zwischen Halden mit aufbereitetem Erz wurden die von Kupfersalzen meist gut erhaltenen Reste von Wohnhäusern mit Feuerstellen sowie Werkstätten gefunden. Sie waren in Blockbauweise auf Steinsockeln errichtet und mit Holzschindeln gedeckt. In den Sommermonaten lebten hier Bergknappen mit ihren Familien. Darauf lassen Kochutensilien, Vorrats- und Essgeschirr aus Ton, Leuchtspäne und zahlreiche Gerätschaften, darunter auch Spindeln, Webbrettchen und Spulen zur Textilherstellung, schließen. Zur Erzaufbereitung gehören Mahl- und Klopfsteine, Scheidhämmer, Schaufeln und Eimer aus Holz. Zum Schwemmen von Erzsand dienten kleine holzverschalte Wasserkanäle und Tröge nahe von Tümpeln. Die Jahresringe der Bauhölzer datieren die Bergsiedlung zwischen 1257 und 1237 v. Chr., d. h. an den Beginn der Spätbronzezeit.

Tierknochenabfälle der Kelchalm erlauben Rückschlüsse auf die Fleischkost der Bergmannsfamilien. 61 % der Tierreste stammen vom Schwein, 24 % vom Rind, 9,3 % vom Schaf und 5,6 % von der Ziege. Bei den kleinen Wiederkäuern und den Schweinen handelt es sich vorwiegend um Jungtiere. Umgekehrt ist das Verhältnis bei den Rindern: Kälber oder Jungrinder lassen sich anhand der Knochen nicht nachweisen. Leider gibt es nur ältere zoologische Bestimmungen, zudem ist lediglich ein kleiner Teil der Tierknochen erhalten geblieben. Daher bleibt die Frage ungelöst, inwieweit das Fleisch von Tieren stammt, die auf der Alm gehalten wurden, oder aber – gepökelt – bevorratet wurde. Da jedoch Kuhfladen

Gussform aus Stein für Bronzesicheln. Virgen (Osttirol). 14. Jh. v. Chr.

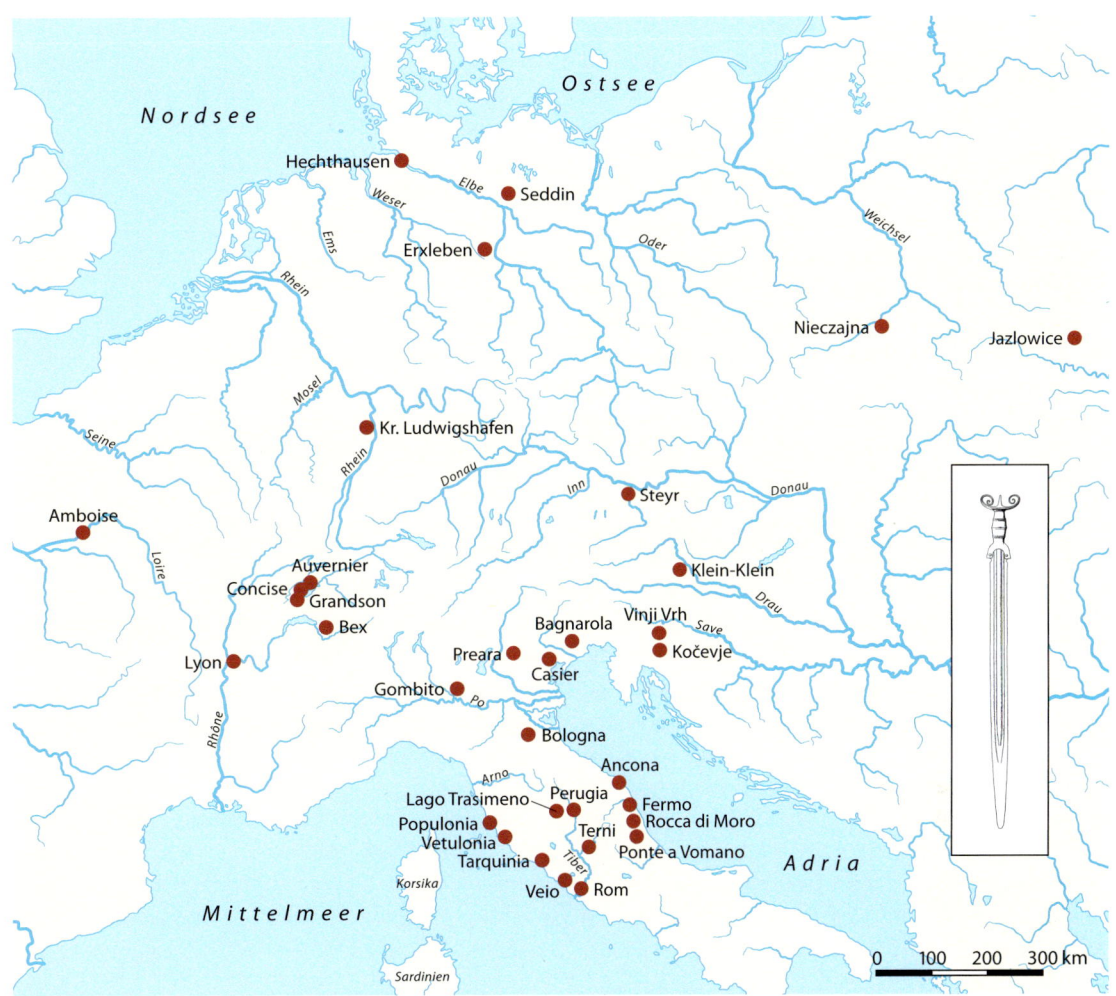

Die weite Verbreitung der Schwerter vom mittelitalischen Typ Tarquinia und verwandten Formen weist auf einen weit gespannten Fernhandel oder auch auf Wanderhandwerker hin. 9. Jh. v. Chr.

neben den Almhütten entdeckt wurden, muss es immerhin eine Rinderweide gegeben haben. Knochen von Pferden, Hunden oder Wildtieren fehlen übrigens auf der Kelchalm.

Einen an Ort und Stelle herrschaftlich organisierten Bergbau belegen archäologische Forschungen der Universität Frankfurt im Vorarlberger Montafon. In diesem inneralpinen Tal konnte eine Besiedlung schon seit dem 3. Jt. nachgewiesen werden. Spätestens seit dem 18. Jh. standen die Siedlungen aber mit dem Abbau und der Verhüttung von Kupfererzen in Verbindung. Näher untersucht wurde eine Höhensiedlung in Friaga Wald am Bartholomäberg (940 m SH und 240 m über dem Talboden). Auf eine frühbronzezeitliche Siedlungsphase folgte im 16. Jh. die Anlage einer aus mehr als sechs Blockhäusern bestehenden Siedlung auf einer terrassierten Hochfläche. Die Häuser waren mit 4 m × 5 m Fläche eher klein. Um die Siedlung lief eine 2 bis 3 m hohe Trockenmauer, die vermutlich zu Prestigezwecken errichtet worden war. Auf diesem Hillfort saßen demnach die Bergherren, die den Erzabbau und die Metallverarbeitung überwachten, während die Bergleute in den kleinen

unbefestigten Gehöften in der Nähe wohnten (Abb. S. 62 f.).

Eine recht vielseitige Rolle spielte eine bronzezeitliche Siedlung am Padnal (1220 m SH) bei Savognin an der Passroute zwischen dem Hinterrhein und dem Julier in Graubünden (Abb. S. 61). Wie gründliche Ausgrabungen zeigten, war in einer Mulde unterhalb einer hohen Gletschermoräne in einer ersten Phase der Frühbronzezeit (etwa 20. Jh. v. Chr.) eine Siedlung mit rund 15 Gebäuden entstanden. Sie wurden in Ständerbauweise und manchmal in einer Kombination aus senkrechten Ständern und waagrechten Bohlen aus Lärchenholz errichtet. Die Häuser hatten Innenflächen zwischen 16 und 22 m².

In der mittleren Bronzezeit (ca. 1600–1300 v. Chr.) entwickelte sich eine dreizeilige Reihenhaussiedlung mit ganz unterschiedlich großen Blockbauten. Es gab Wohn-, aber auch Stall- und Speichergebäude. In einem Haus befand sich eine Bronzegießerei mit Gussformen für ein Rasiermesser und eine Ziernadel sowie Gussabfälle. Aus den schmalen Gassen zwischen den Häusern leitete man Regen- und Schmelzwasser in eine aus Lärchenholz gebaute Hofzisterne ab (Abb. S. 64).

In der Siedlung verstreut wurden außerdem Erzbrocken und Plattenschlacken gefunden, die auf Bergbautätigkeit einiger Bewohner hindeuten. Tatsächlich kommen Kupfererze in nur 5 km Entfernung im Val d'Err vor. Allerdings dürften die meisten Dorfbewohner Bauern gewesen sein, wie neben typischen Gerätschaften große Mengen an verkohltem Getreide und Tierknochenabfällen von Haustieren – vornehmlich von Rind, aber auch von kleinen Wiederkäuern und Schwein – unter Beweis stellen. Zudem hat man bestimmt vom Handel zwischen dem Oberengadin über den Julier-Pass ins Rheintal profitiert. So betrieben einige Bewohner sicherlich Saumhandel, transportierten also Waren über den Pass.

Auch im 13. Jh. war die Siedlung am Padnal noch umfangreich und dreizeilig angelegt. Die großen, in Blockbauweise errichteten Langbauten hatten Ausmaße von 20 m × 6 m, waren mehrfach unterteilt und besaßen bis zu vier Herdstellen. Wahrscheinlich wohnten darin Großfamilien. Seit dem 10. Jh. wurde die Siedlung dann wesentlich kleiner.

Das Ende der Besiedlung am Padnal hängt wahrscheinlich mit dem Aufkommen von kleinregional in den Alpen abbaubarem und produzierbarem Eisen zusammen. Damit verlor der Platz seine Bedeutung als Station für den Kupfer- und Bronzehandel, und die Klimaverschlechterung seit dem 9. Jh. v. Chr. dürfte in dem hoch gelegenen Gebiet Ackerbau und Viehzucht zusätzlich erschwert haben. Etwa um 800 v. Chr. wurde der Padnal aufgegeben.

Gold

Gold stand gewiss von Anbeginn für Reichtum und Macht und galt als göttliches Attribut. Insofern waren größere Schmuckstücke wie etwa goldene keltische Halsreifen (Torques) zugleich Insignien politischer Herrschaft. Obwohl Golderze vielerorts in den Alpen vorkommen, ist es fraglich, ob sie in prähistorischer Zeit auch abgebaut wurden. Vielmehr hat man die meisten Objekte, die etwa gleichzeitig mit den ersten Kupfergegenständen um 4000 v. Chr. in Mitteleuropa auftreten, wohl aus Fluss- und Seifengold hergestellt. Dieses stammte aus primären Goldvorkommen im Felsgestein und wurde durch Ver-

Götschenberg mit mittelalterlichen Wall- und Grabenanlagen. Auf dem Plateau wurden Siedlungsspuren seit dem 4. Jt. v. Chr. aufgedeckt.

Padnal bei Savognin (Graubünden). Die mehrphasige bronzezeitliche Siedlung befand sich in der Mulde vor der großen Gletschermoräne. Im Bild ein Grabungsaufschluss.

Nadeln, Sichelmesser und Gusstropfen aus Kupfer sowie ein Knochenpfriem aus dem ältesten Siedlungshorizont am Götschenberg. Mitte 4. Jt. v. Chr.

witterung ausgewaschen, vertragen und in Sedimenten abgelagert.

Der griechische Schriftsteller Athenaios von Naukratis berichtet über das Goldwaschen der keltischen Alpenbewohner (Fragm. H II, Nr. 87): »In den entlegensten Teilen der Erde führen auch gewisse Flüsschen Goldstaub, und indem ihn Frauen und körperlich schwache Männer mit dem Sand zusammenscharren, sondern und waschen sie ihn und bringen ihn dann auf den Schmelztiegel, wie es nach meinem Gewährsmann Poseidonios bei den Helvetiern und einigen anderen Stämmen der Kelten üblich ist«.

Goldseifen kommen übrigens auch im Hochgebirge vor, nicht nur im Flusssand oder an Flussufern im Tal. Bekannt sind solche jedenfalls im Gebiet des Alpenhauptkammes zwischen dem Mölltal in Oberkärnten und der oberen Salzach in Salzburg. Es gibt Anhaltspunkte dafür, dass man einige dieser Seifen bereits in keltischer und römischer Zeit kannte und abbaute. Ob nun Gold durch Bergbau oder lediglich durch Goldwaschen gewonnen wurde, lässt sich heute noch nicht entscheiden. Doch steht fest, dass alpines Gold schon früh eine Rolle spielte. Hinweise dafür liefern Gussformen aus dem frühkaiserzeitlichen Handwerkerviertel am Magdalensberg im nördlichen Klagenfurter Becken. Sie enthalten Prägeinschriften mit der Formulierung »ex auris noricis ...« und waren für die Herstellung von Goldbarren aus norischem Gold bestimmt. Dieses stammte aus dem Gebiet des früheren keltischen Königreichs Noricum, das den östlichen Teil der Ostalpen umfasste.

Wegen des spezifischen Gewichts von Gold konnte es einfach aus dem Sand gewaschen werden. Goldflitter ließ sich dann leicht verschmelzen und in bestimmte Formen gießen, da der Schmelzpunkt bei nur 1064 °C liegt.

Silber

Silber kann gediegen, also rein, auftreten, aber auch in schwefelhaltigen Golderzen oder anderen schwefelhaltigen Verbindungen eingebunden sein. In den letzten Jahrhunderten v. Chr. wurde erstmals Schmuck

Bartholomäberg-Friaga Wald (Montafon, Vorarlberg). Rekonstruktion der befestigten Bergsiedlung mit Grabungsschnitten. 16. Jh. v. Chr.

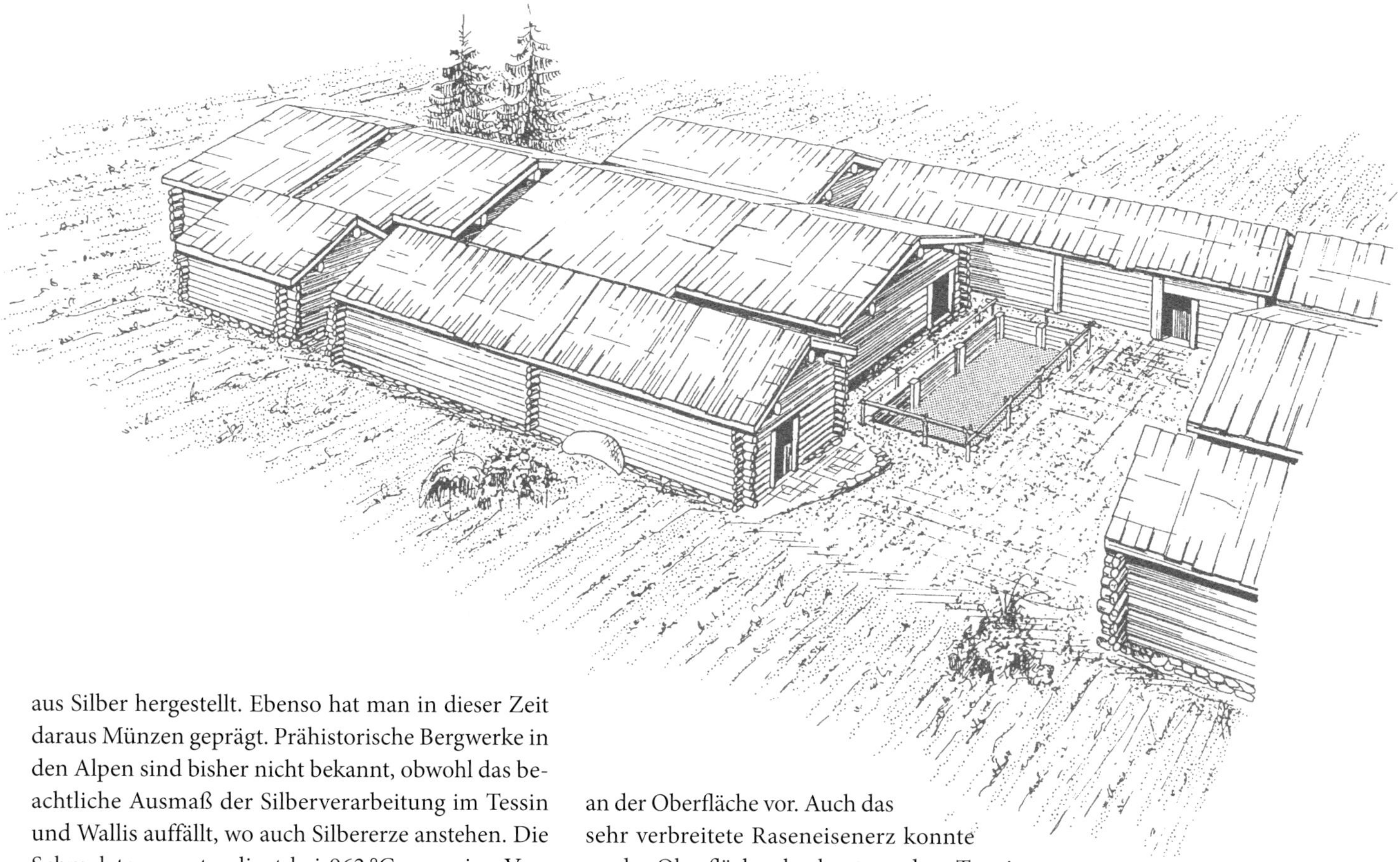

aus Silber hergestellt. Ebenso hat man in dieser Zeit daraus Münzen geprägt. Prähistorische Bergwerke in den Alpen sind bisher nicht bekannt, obwohl das beachtliche Ausmaß der Silberverarbeitung im Tessin und Wallis auffällt, wo auch Silbererze anstehen. Die Schmelztemperatur liegt bei 962 °C, was eine Verarbeitung erleichtert.

Eisen

Die Anfänge der Eisenmetallurgie scheinen im Süden Anatoliens zu liegen und gehen auf das 3. Jt. v. Chr. zurück. Seit Ende des 2. Jt. wurden dort und in der Ägäis bereits Waffen und Geräte aus Eisen hergestellt. Über den Balkan breitete sich dann die Kenntnis der Eisengewinnung und -verarbeitung während des 10. und 9. Jh. rasch nach Mitteleuropa aus. Schon in dieser Zeit tauchen kleinere Gegenstände aus Eisen wie Messer und Gewandnadeln auf, ebenso Eisentauschierungen auf Bronzeobjekten, wie z. B. Pferdegeschirr. Ab dem 8. Jh., der frühen Eisen- oder auch Hallstattzeit, wurden im Alpenraum bereits größere Geräte und Waffen, etwa Schwerter, aus Eisen geschmiedet. Eiserne Geräte brachten deutliche Verbesserungen für die Landwirtschaft und das Handwerk mit sich. Einerseits war Eisen härter und gleichzeitig elastischer als Bronze. Andererseits konnte Eisen mit viel geringerem Arbeits- und Zeitaufwand gewonnen und verarbeitet werden.

Verschiedene Eisenerze stehen in vielen Gegenden der Alpen für den Abbau zur Verfügung. Siderit oder Eisenspat kommt in verwitterter Form als Braunerz an der Oberfläche vor. Auch das sehr verbreitete Raseneisenerz konnte an der Oberfläche abgebaut werden. Toneisenstein hingegen tritt gewöhnlich in seichten Schichten auf, sodass zumindest einige Meter tiefe Gruben, so genannte Pingen, erforderlich waren, um dieses Erz zu fördern.

In den Alpen fanden sich bisher keine Spuren von Eisenabbau, sicher schon deswegen, weil oberflächennahe Erze gewonnen wurden. Über die Verhüttung

Henkeltopf mit Furchenstichverzierung, in die Muschelkalk eingebracht ist. Mondsee (Oberösterreich).

Dreizeilige Häusergruppe mit Hof und Zisterne am Padnal aus der Zeit um 1500 v. Chr.

von Eisenerz weiß man besonders gut durch Forschungen im Südburgenland am Alpenostrand Bescheid. Dort sind im Gelände die Reste zahlreicher späteisenzeitlicher Rennöfen sichtbar, die sich gut rekonstruieren lassen: Auf einer 50 cm tief in den Boden gesetzten Ofengrube wurde ein bis zu 1,5 m hoher glockenförmiger Schacht aus ringförmig gelegten Rutenringen errichtet, den man innen und außen mit Ton abdichtete. Seitlich führten Öffnungen durch die Ofenwand, um Blasebälge anzulegen. Ein breiter Graben vor der Ofengrube bot Platz für die abfließende Schlacke (Abb. S. 66). Vor dem Schmelzprozess wurde der Ofen angeheizt, um den Lehmmantel zu trocknen. Schließlich konnte der Ofen mit Holzkohle und zerkleinertem Erz beschickt werden. Die Feuerung erfolgte von der Ofengrube aus, wobei die Öffnung zum Ofen während des Schmelzens verschlossen wurde. Bei Temperaturen zwischen 1100 °C und 1300 °C wurde dann die untere Ofenbrust wieder geöffnet, um die Schlacke abrinnen zu lassen, daher die Bezeichnung »Rennofen«. Nach dem Schmelzprozess musste der Ofenschacht abgetragen werden, um zu der in der Grube gebildeten Eisenluppe, also dem Roheisen, zu gelangen. Die Luppe war aber durch Schlacke noch stark verunreinigt und musste erst durch mehrmaliges Aufheizen und Schmieden auf dem Amboss zu Roheisen verarbeitet werden.

Experimente haben gezeigt, dass für den 4 bis 6 Stunden dauernden Schmelzprozess rund 250 kg Erz und 300 kg Holzkohle eingebracht werden mussten. Die Eisenluppe hatte dann ein Gewicht von etwa 100 kg. Nach dem Aufheizen erzielte man zwischen 18 und 30 kg Roheisen. Insgesamt war aber der Aufwand bei der Verhüttung nicht so groß wie beim mehrphasigen Kupferschmelzen.

Ein erfahrener Eisenschmied konnte durch planmäßiges Aufkohlen eine besondere Qualität des Eisens erreichen. Um ein weiches, verformbares Eisen zu erhalten, durfte nur wenig Kohlenstoff in das Eisen gelangen. Stahlartiges Eisen hingegen, das sehr hart und widerstandsfähig war, hatte idealerweise einen Gehalt von bis zu 2% Kohlenstoff. Solches Qualitätseisen wurde beispielsweise im spätkeltischen Königreich Noricum und in der späteren gleichnamigen römischen Provinz in den südlichen Ostalpen aus manganhaltigen Braunerzen produziert. Es besaß unter dem Namen »Ferrum Noricum« einen hohen Handelswert im Römischen Reich.

Eisenschmieden im Alpengebiet sind bislang kaum bekannt. In Sévaz (Kt. Fribourg) wurde eine Schmiede mit mehreren Herden und zwei Arbeitsgruben aus dem 5. Jh. ausgegraben. Hier lagen auch zahlreiche Schmiedeabfälle. Sonst lassen sich Schmieden nur indirekt durch Schlackenfunde in größeren Siedlungen fassen. Meist wurden alle Arten von Waffen, Geräten und Schmuck aus Eisen lokal hergestellt. Sogar Schwerter sind wahrscheinlich im Westalpengebiet geschmiedet worden. Dies belegen Exemplare mit bestimmten, regional begrenzt auftretenden Schlagmarken, die Werkstattzeichen von Schmieden darstellen.

Über Schmiedewerkzeuge wissen wir deutlich besser Bescheid. Ein Werkzeugensemble, wie es ein Schmied an einem alpinen Handelsstützpunkt verwendete, wurde auf der felsigen Hochfläche des Nikolausberges, einem Hügel am Westrand des Salzachtales bei Golling in Salzburg, in einem grubenförmigen Depot gefunden. Es enthielt einen Setzhammer, einen schweren Einsteckamboss, zwei große Schmiedezangen, eine große Herdschaufel, einen kleinen scheibenförmigen Eisenring und ein gefaltetes Eisenband mit durchgeschlagenem Loch. Eisenring und Bandeisen dienten wohl zur Reparatur von Wagen, die auf dem nahen Handelsweg vorbeikamen. Die Gerätschaft datiert in das 4. Jh. Im Umkreis des Werkzeugdepots lagen zahlreiche fladenförmige Eisenschlacken. Wahrscheinlich stand hier die Schmiede, und das Depot könnte unter dem Fußboden oder in einer Grube der Werkstatt versteckt oder verwahrt worden sein.

Am Rand der Siedlung entdeckte man ein halbkugeliges, großes, stark eisenhaltiges Schlackenstück, eine so genannte Ofensau, wie sie am Boden eines Rennofens nach dem Schmelzprozess entstand. Es erscheint also denkbar, dass Eisenerz in der Umgebung abgebaut und verhüttet worden ist.

Von anderen Fundplätzen wie etwa Sanzeno im Nonstal (Trentino) sind auch Meißel, Feilen oder Drahtziehgeräte bekannt. Alle diese Werkzeuge veranschaulichen, dass Eisenschmieden ein reiches Spektrum technischer Möglichkeiten zur Verfügung stand. Übrigens war Hartlöten schon seit der frühen Eisen-

Kupfererzrevier im Gebiet zwischen Mühlbach und Bischofshofen (Salzburg), Bergbausiedlungen des späten Neolithikums und der Bronzezeit sowie das bronze- und eisenzeitliche Gräberfeld am »Pestfriedhof«.

zeit bekannt. Diese Methode wurde beim Zusammenpassen z. B. von Griffen und Parierstangen auf Dolchen oder von Ösen auf Dolchscheiden angewendet.

Eisen wurde für den Handel zu doppelpyramiden- und doppelspitzförmigen Barren geschmiedet. Die ersten Doppelspitzbarren waren an den Enden besonders lang ausgezogen. Es gab aber auch Stab- und Ziegelformen sowie schwert- oder messerförmige Barren, die als Roheisen in den Handel gelangten.

Blei

Lagerstätten von Bleierzen gibt es in den Zentralalpen, Graubünden und im Wallis. Auch in Mittelkärnten kommt Bleiglanz vor. Die Verhüttung von Bleierzen ist bereits bei Temperaturen zwischen 700 und 900 °C möglich. Blei ist leicht zu schmelzen (bei rund 330 °C) und wurde daher schon seit der Spätbronzezeit als Legierungszusatz von Bronze genutzt, um die Gießbarkeit bei der Produktion kleiner Schmuckobjekte zu verbessern. Ab dem 10. Jh. wurde Blei vielfach zur Füllung von gefalzten Bronzegefäßrändern verwendet. In Frög im Kärntner Drautal lagen in Gräbern der frühen Eisenzeit kleine Bleifiguren von Menschen und Tieren, die eine hohe Fertigkeit beim Gestalten und Gießen von Blei erkennen lassen.

Schematische Rekonstruktion eines späteisenzeitlichen Schmelzofens für Eisenerz vom Typ Burgenland.

Salz

Erst mit Einführung des Kühlschranks in den meisten Haushalten um die Mitte des 20. Jh. war es möglich, Fleisch für einige Zeit frisch zu halten. Davor wurde Fleisch durch Räuchern oder Einsalzen haltbar gemacht. Zudem diente Salz zur Herstellung und Konservierung von Käse. Natürlich wurden Speisen auch immer gerne mit Salz gewürzt. Hinzu kommt, dass Haustiere wahrscheinlich schon in der Urzeit mit Lecksalz versorgt wurden. Und schließlich ist Salz beim Gerben von Fellen und Häuten notwendig.

Salzlager haben sich im Lagunenwasser des Tethysmeeres durch Verdunstung in der späten Perm-Zeit gebildet. Besonders ergiebig sind diese Salzstöcke in Hallstatt im oberösterreichischen Salzkammergut und am Dürrnberg bei Hallein in Salzburg. Beide Vorkommen wurden schon früh entdeckt und genutzt.

Hallstatt, ein Bergmannsort seit dem Mittelalter, liegt am Fuße des Dachsteins am Ostufer des Hallstättersees (Abb. S. 70 f.). Etwa 300 m darüber befindet sich das Salzbergtal, an dessen westlichem Ende tiefreichende Schichten von Kernsalz anstehen. Das schmale Hochtal wird hier durch den steil aufragenden

Links: Werkzeugdepot eines Eisenschmiedes vom Nikolausberg bei Golling (Salzburg). 4. Jh. v. Chr.

Rechts: Sanzeno im Nonstal (Trentino). Kochgeräte und Schmiedewerkzeuge aus der jüngeren Eisenzeit.

Doppelkonische Eisenbarren aus noch ungereinigtem Eisen in einem Depot in Bieberwier (Nordtirol) aus dem 4./3. Jh. v. Chr. Gewicht: 4,8 bis 6,5 kg.

Plassen abgeschlossen. Selbst bis in jüngere Zeit war es nur schwierig über schmale Saumwege erreichbar.

Die ältesten Funde am Salzberg – ein Pickel aus Hirschgeweih und verschiedene Großsteingeräte – datieren in das 5. und 4. Jt. v. Chr. Möglicherweise hat man das durch Erdrutsche freigelegte Salz abgebaut oder auch die Solequellen zur Salzgewinnung genutzt. Ethnologische Beispiele lassen vermuten, dass man großporige Pflanzenstängel in der Sole gesättigt und dann auf dem Feuer verbrannt hat, um Salzkristalle zu erhalten.

Bisher stammen die frühesten Befunde eines untertägigen Bergbaus aus dem 15. und 14. Jh. v. Chr. Es ist jedoch ziemlich sicher, dass der Bergbau bereits lange davor begonnen hatte, da die Technik des Vortriebes zu diesem Zeitpunkt bereits voll entwickelt war. Im Bereich des Christian-von-Tusch-Werks, eines neuzeitlichen Stollens, wurden tiefe Schächte festgestellt, die durch das oben liegende, ausgelaugte Haselgebirge hindurchführen. In der Zone des Kernsalzes baute man dann seitlich in gewissen Abständen kurze, schräg nach unten führende Stollen, die verzimmert waren. In der Mitte der Schächte befand sich das »Fördertrum«, wo Salz und andere Lasten nach oben gezogen wurden. An der Seite gab es versetzt angeordnete Stiegen, auf denen die Bergknappen in und aus dem Berg gelangten.

In die Stollenwände schlug man parallele Rillen, zwischen denen das Salz kleinstückig mit Bronzepickeln herausgebrochen werden konnte. Das Salz wurde dann mit »Kratzen«, einer Art von Hauen, in kleine Tröge, dann in bis zu 30 kg fassende Tragsäcke gefüllt und zur Schachtmündung gebracht. Wie Funde von grobem und festem Wollgewebe an diesen Stellen zeigen, hat man das Salz in große Säcke umgefüllt und mit 4 cm dicken Seilen aus Lindenbast, vielleicht mithilfe einer Umlenkrolle, hinaufgezogen.

Zum Schutz der Hände beim Anfassen der Seile trug man Handleder. Diese bestanden aus kreisrunden Lederstücken, die seitlich eine Öffnung für den Daumen frei ließen und am Handgelenk angebunden wurden.

Verzimmerung und Geräte waren jeweils aus besonders geeignetem Holz hergestellt: die Stempel, also die T-förmigen Stützen der Stollenwände, aus Fichte oder Tanne, die Kienspäne, von denen zahlreiche abgebrannte Reste gefunden wurden, aus Kiefer, ebenso die Fülltröge, während die Schäftungen der Pickel aus hartem Eichen- oder Buchenholz geformt waren.

Informationen zum Abbau im 13. und 12. Jh. v. Chr. lieferte die so genannte Nordgruppe des Salzberges. Auch hier gab es zentrale Förderschächte, unterhalb von diesen befand sich ein weit verzweigtes Grubensystem. Die durch das Salz hervorragend konservierten Funde sind sehr aufschlussreich. Zur Ausrüstung der Salzträger gehörten Tragkörbe aus Rinderfell, von denen fünf weitgehend identische Exemplare gefunden wurden. Es handelt sich um hohe, aus Fell und Leder mit Riemchen zusammengenähte Säcke, die an einem Holzrahmen befestigt sind. Jeder Korb fasste rund 45 kg Salz. Der linke Schultergurt war mit beiden Enden am Unterteil des Korbes fixiert. Über die rechte Schulter des Bergmannes führte ein fester Lederriemen zum Rand des Korbes. Er wurde mit einem Holzknüppel in der rechten Hand gehalten. Zum Entleeren musste der Knappe nur den Knüppel über die Schulter gleiten lassen, damit der Sack kippte, während er durch den Schultergurt aber am Rücken des Bergmannes festgehalten wurde. Solche Tragkörbe, die man nicht abstellen musste, belegen, dass es eine eigene Gruppe von Trägern gab, die nicht mit der Häuerarbeit befasst war. Diese Arbeitsteilung im Rahmen einer wohldurchdachten Organisation des Salzabbaus ist auch sonst an vielen Einzelheiten gut zu beobachten.

Neben einem Signalhorn aus der Hornscheide eines Rindes sind zahlreiche Reste von Stoff-, Leder- und Fellbekleidungen entdeckt worden. Die jüngsten Hölzer datieren in das Jahr 1245 v. Chr. Ende des 13. oder Anfang des 12. Jh. wurde der Bergbau aufgegeben. Möglicherweise kam es während des Betriebs zu Wassereinbrüchen. Jedenfalls sind Erde, Steine und zersplitterte Bäume in die Schächte und Stollen eingeschwemmt worden.

Schon im 19. Jh. wurden am Salzberg eingetiefte große Blockbauten freigelegt, die aus doppelten, mit Lehm abgedichteten Wänden aus Rundhölzern gebaut waren. 1993 und 1994 untersuchte dann die Prähistorische Abteilung des Naturhistorischen Museums Wien erneut diesen Bereich, um mehr über die mittlerweile acht in das 13. und 12. Jh. datierenden Anlagen zu erfahren.

Tragen und Entleeren der Förderkörbe aus dem Hallstätter Salzberg in der Bronzezeit.

Querschnitt durch den Hallstätter Salzberg mit bronzezeitlichem Abbau.

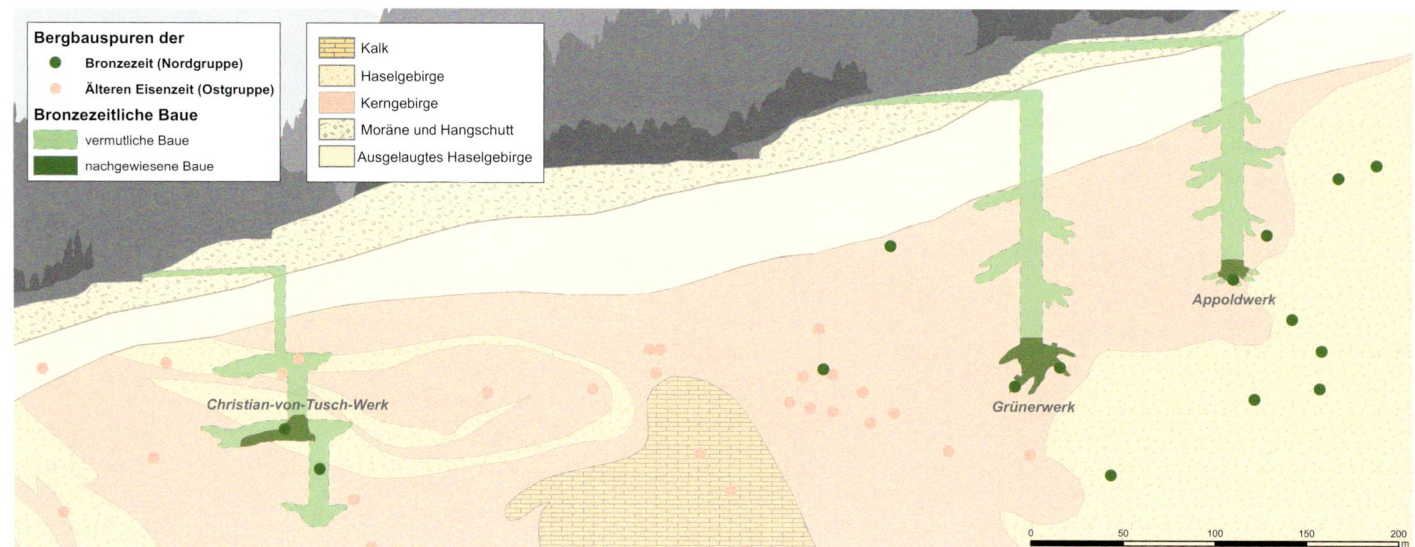

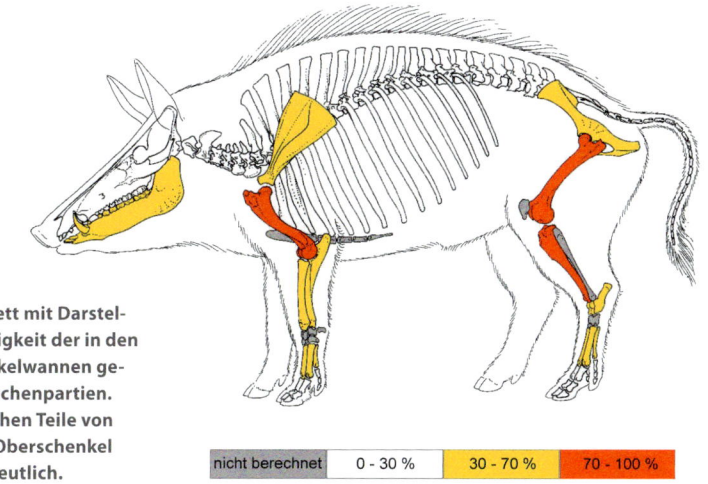

Schweineskelett mit Darstellung der Häufigkeit der in den Hallstätter Pökelwannen gefundenen Knochenpartien. Die fleischreichen Teile von Schulter und Oberschenkel überwiegen deutlich.

| nicht berechnet | 0 – 30 % | 30 – 70 % | 70 – 100 % |

In ihrer unmittelbaren Nähe wurden Tausende Tierknochen gefunden, die hauptsächlich aus Unterkiefern und fleischtragenden Langknochen von jungen männlichen Schweinen bestehen. Fleischarme Teile wie Wirbel, Rippen und Schädelknochen fehlen hingegen. Daher ist anzunehmen, dass die Tiere nicht lebend in das Salzbergtal gebracht, sondern auswärts geschlachtet und zerlegt worden sind. Die fleischreichen Partien schaffte man dann zum Salzberg und pökelte sie im salzgesättigten Wasser großer Becken ein. Eine Wanne konnte Fleisch von bis zu 200 Schweinen aufnehmen. Das Einpökeln dauerte rund zehn Tage. Wahrscheinlich hat man das gepökelte Fleisch anschließend noch ein halbes Jahr der rauch- und salzhaltigen Luft des Bergwerks ausgesetzt, bevor es in den Handel gelangte. Somit war die Herstellung von eingesalzenen und geräucherten, also gut konservierten Schinken ein zweites, wirtschaftlich sehr bedeutendes Standbein der Hallstätter Salzgewinnung.

Es ist davon auszugehen, dass die Bergleute nicht im Tal oder am See, sondern ständig am Berg wohnten. Einerseits waren die Gruben instandzuhalten und Wassereinbrüche zu verhindern. Andererseits mussten die Pökelanlagen kontinuierlich bedient werden. Obwohl bisher keine Reste von Häusern im Salzbergtal bekannt sind, bezeugen dort dennoch Funde spätbronzezeitlicher Hauskeramik eine Besiedlung.

Allerdings konnten sich die Menschen am Berg nicht selbst mit Nahrungsmitteln versorgen, da es keine geeigneten Acker- und Weideflächen gab. Vielmehr musste Getreide aus weiter entfernten Talsiedlungen des nördlichen Alpenvorlandes sowie Fleisch und Käse von Almen im südlich gelegenen Dachsteingebiet bereitgestellt werden. Hinzu kommt die umfangreiche Lieferung von Schweinefleisch zu den Pökelstuben am Salzberg. Almhütten sind jedenfalls seit der mittleren Bronzezeit am Dachstein archäologisch bezeugt. Und auch für die Aufbereitung geschlachteter Schweine gibt es neuerdings den interessanten Nachweis einer Art »Außenstelle« des Bergbaubetriebs in Hallstatt. Die Fundstelle liegt in Pichl-Kainisch, etwa 40 km südöstlich des Hallstättersees, wo der Verbindungsweg zum Ennstal verläuft. Hier wurde eine Gewerbesiedlung mit zeitlichem Schwerpunkt im 13. Jh. entdeckt. Gefunden wurden an einigen Stellen Kochkeramik aus Graphitton und große Mengen Tierknochen. Offenbar gab es eigene Bereiche für die Schlachtung vor allem von jungen männlichen Schweinen, daneben auch von Schafen, Ziegen und Rindern. In einigen Gruben lagen die Schlachtabfälle aus Rippen, Wirbeln und Unterkiefern, in anderen die Reste fleischreicher Partien wie Oberarm- und Oberschenkelknochen. Daraus wird gefolgert, dass ein Teil der Schlachtausbeute nach Hallstatt gebracht worden sein könnte,

Querschnitt durch den Hallstätter Salzberg mit eisenzeitlichem Abbau.

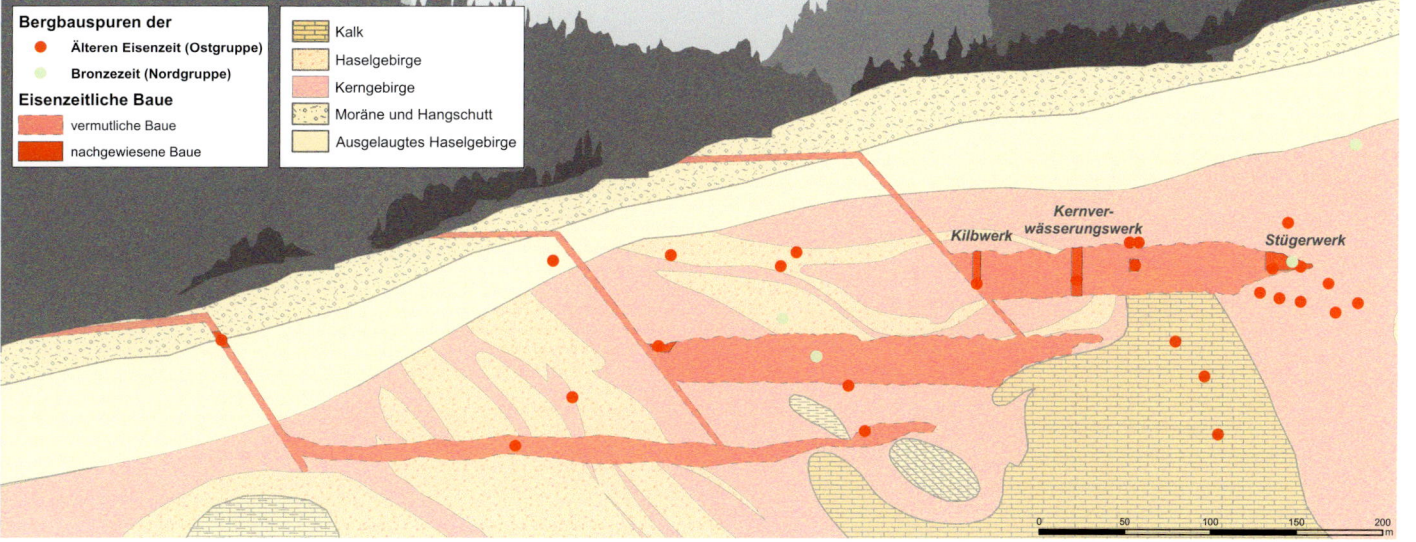

Der Seeort Hallstatt (Oberösterreich). Seit rund fünf Jahrtausenden wurde auf dem darüber gelegenen Salzberg das »weiße Gold« abgebaut und zum Seeufer gebracht, wo die Handelswege nach Norden und Süden verliefen.

Rekonstruierte keltische Ständerbauten mit Flechtwerkwänden am Dürrnberg.

ein anderer aber – analog zu Hallstatt – vor Ort eingepökelt wurde.

Eine Fortsetzung des bronzezeitlichen Salzabbaus ist erst wieder um 900 v. Chr. nachweisbar. Aber auch diesmal tritt uns ein voll ausgeprägter Bergbau entgegen, der wohl schon früher begonnen hatte (Abb. S. 69). Er lässt sich nun durchgehend bis ins 4. Jh. v. Chr. verfolgen. Der Vortrieb war gänzlich anders als in der Bronzezeit. Sobald die ausgelaugte, salzfreie Oberflächenzone des Haselgebirges mit schrägen Stollen durchstoßen war, legte man große, waagrecht in den Salzberg führende Abbauhallen enormen Ausmaßes an. Auch baute man das Salz jetzt in größeren Platten ab, indem zuerst herzförmige Furchen in die Wand geschlagen und dann die beiden inneren Felder herausgebrochen wurden. Diese großen Stücksalze wurden wahrscheinlich an Tragstangen gebunden und direkt nach oben transportiert.

Im mehrere tausend Bestattungen umfassenden früheisenzeitlichen Gräberfeld im Salzbergtal gibt es Brandgräber und Körperbestattungen. Während die einer Verbrennung unterzogenen Toten mitunter eine sehr reiche Beigabenausstattung aufweisen und daher wohl der Oberschicht angehörten, enthielten die Körperbestattungen in der Regel nur mäßige oder keine Beigaben, sind also einer ärmeren Bevölkerungsschicht zuzuordnen. Rund 120 noch gut erhaltene Skelette von Männern, Frauen und Kindern wurden vor Kurzem auf körperliche Belastungen und Abnutzungen untersucht. Dabei zeigten sich interessante Unterschiede hinsichtlich Geschlecht und Alter. An den weiblichen Skeletten befanden sich starke Muskelmarken an den Stellen, wo die Ellbogengelenke und Unterarme beansprucht werden. Das bedeutet, dass diese Frauen schwere Lasten gehoben, getragen oder gezogen haben. Bei den Männern war die Muskulatur am Schultergürtel zeitlebens besonders in Anspruch genommen, was auf eine schlagende Tätigkeit der Arme, also die Arbeit im Berg mit Pickel, schließen lässt. Auch Kinder und Jugendliche zeigten Abnutzungen an den großen Gelenken, besonders aber an der Halswirbelsäule. Daher kann man an eine vorwiegend tragende Tätigkeit, entweder am Kopf oder mithilfe von Stirntragebändern, denken. Übrigens

Bundschuhe aus Fellen und Leder sowie Textilreste aus dem späteisenzeitlichen Salzbergbau im Dürrnberg.

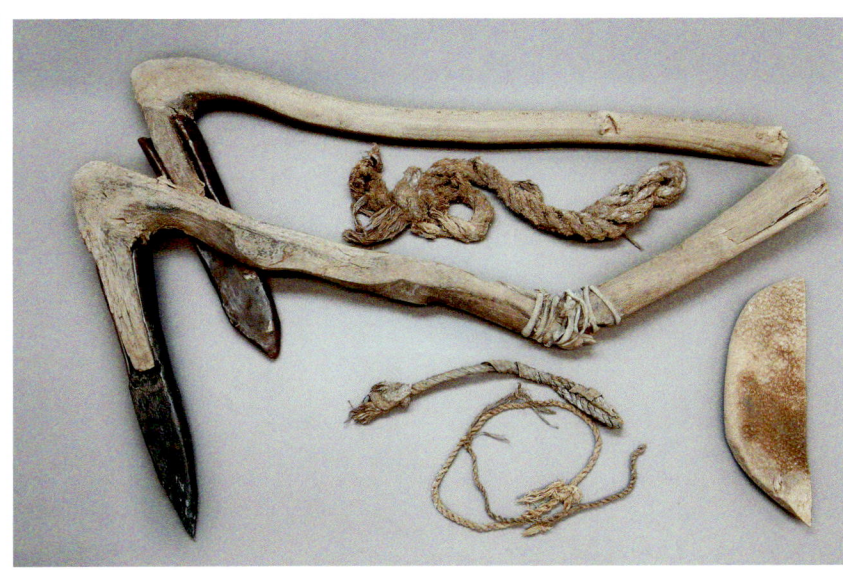

Geschäftetes Häuereisen, Schnüre und fragmentierte Holzschaufel aus dem Salzbergwerk am Dürrnberg (Salzburg). 6. Jh. v. Chr.

Kochlöffel, Schalen aus Holz, Bruchstücke großer Kochtöpfe aus Ton und angekohlte Holzstücke wurden im Bergwerk geborgen. Also hat man dort warme Mahlzeiten zubereitet. Es gibt aber auch Funde von Spanschachteln mit Käseresten.

Exkremente der Bergleute zeigen, dass die Speisen aus Rollgerste, Kolbenhirse, Saubohnen und minderwertigem, schwartenreichem Fleisch von Schwein und Schaf bestanden. Diese Zusammensetzung entspricht dem Ritschert, einem noch heute in den Ostalpen üblichen Eintopf.

Der bereits in der Bronzezeit sehr komplexe Bergbau, die umfangreiche Produktion von Pökelfleisch und die schwierige Versorgung der Bergleute bedurften einer sehr straffen Organisation. Sehr wahrscheinlich stand eine sozial gegliederte Hierarchie dahinter, die mit der Kontrolle und Verwaltung der Salzgewinnung und des Salzhandels befasst war. Von den Bergherren über die technisch planenden Personen bis hin zu den Bergknappen mit ihren zahlreichen Tätigkeitsbereichen ist in Hallstatt schon während der Bronzezeit eine klar strukturierte Bevölkerung anzunehmen.

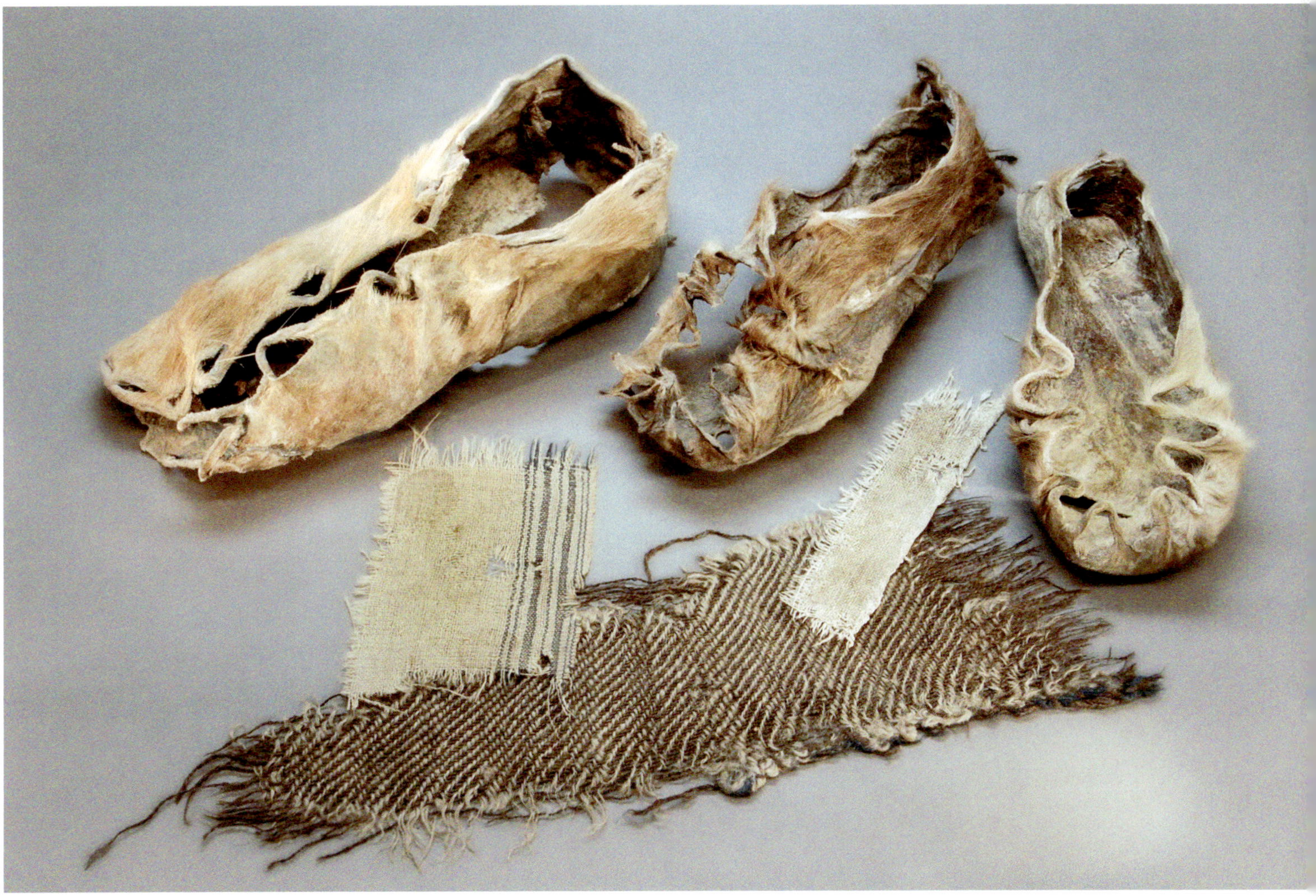

wurden im Berg auch Schuhe in Kindergröße (zwischen 31 und 35) gefunden, was zusätzlich die Kinderarbeit im Bergwerk bestätigt. Jedenfalls ist erkennbar, dass ganze Familien eingesetzt waren.

Eine neue Erschließung des Salzberges erfolgte im 2. Jh. v. Chr. an seiner Westflanke. Da dort seit Langem nicht mehr gefördert wird, sind auch keine Einzelheiten über den »Alten Mann«, also über die Abbauspuren aus prähistorischer Zeit, bekannt. Reste von Gebäuden in Blockbauweise aus spätkeltischer Zeit wurden jedoch auf der Dammwiese im westlich anschließenden Gelände gefunden.

Auch am Dürrnberg bei Hallein belegen neolithische Siedlungsfunde genau in der Zone, wo Quellsolen zutage treten, eine sehr frühe Nutzung der Salzvorkommen. Der untertägige Abbau von Salz setzte hier allerdings erst im 6. Jh. v. Chr., in der Späthallstattzeit, ein, wobei dann aber gleich mehrere Gruben gleichzeitig betrieben wurden. Der Abbau ging in Etagen vor sich und folgte den einzelnen Salzlagern mit schwebenden Zwischensohlen. Zudem gab es den Hallenabbau, bei dem der First nach oben erweitert wurde.

Funde von kleinen Schuhen sprechen auch am Dürrnberg für Kinderarbeit. Vermutlich brachten sie Leuchtspäne, Nahrung und neue Geräte in den Berg und schafften verbrauchtes Material und Salz hinaus.

Es gab mehrere, teils befestigte kleine Siedlungen am Dürrnberg, darunter auch eine Gewerbesiedlung im Ramsautal, in der unter anderem Holz- und Knochenverarbeitung erfolgte. Hier hat man auch Fässer für den Salztransport hergestellt, wie der Fund eines Fassbodens mit rund 40 cm Durchmesser zeigt. Gut bekannt sind dank der günstigen Erhaltungsbedingungen in moorigem Boden auch die Hausformen. Die Gebäude hatten Ausmaße von 3,5 bis 5 m Breite und 6,5 bis 13 m Länge. Sie waren in Riegelbauweise auf Steinsockeln errichtet, also aus kreuzverschränkten, rund oder kantig zugerichteten Balken. Die Dächer waren mit Schilf, Rinde oder Holzschindeln gedeckt (Abb. S. 72).

Die Gräberfelder am Dürrnberg sind auf mehrere Bereiche verteilt. Erforscht wurden zudem einige sehr reich ausgestattete »Fürstengräber« mit zweirädrigen Streitwagen und importiertem etruskischem Bronzegeschirr. Die hier Bestatteten waren zu Lebzeiten wohl die Herren, die den Bergbau organisierten und den Salzhandel kontrollierten. Die Verkehrslage des Dürrnbergs am Rande des Salzachtales war von vornherein äußerst günstig, da hier eine wichtige Handelsroute aus den Alpen nach Norden führte.

In einigen Gräbern finden sich Personen, die als »Gastarbeiter« im Salzbergbau arbeiteten. Dies zeigen ihre für inner- und sogar südalpine Gebiete typischen Trachten und Ausstattungen. Ob diese Menschen als Bergknappen oder im Transport und Handel tätig waren, lässt sich allerdings nicht entscheiden.

Die Salzgewinnung am Dürrnberg wurde möglicherweise im 4. Jh. – vielleicht durch Einwanderungen – unterbrochen, nach einigen Jahrzehnten wieder aufgenommen und dann bis zur Mitte des 1. Jh. v. Chr. fortgesetzt. Vielleicht ging damals der Bedarf an Bergsalz vom Dürrnberg zurück. In Italien war man zunehmend in der Lage, selbst Salz zu gewinnen und zwar mithilfe von Salzgärten aus dem Meer.

Nachgestelltes »Fürstengrab« am Dürrnberg-Moserstein in einer hölzernen Grabkammer mit dem Toten auf einem zweirädrigen Streitwagen, einheimischem und importiertem Bronze- und Tongeschirr, Fleischproviant sowie Messer, Pfeil und Bogen. Um 400 v. Chr.

Handwerk

Über die Verarbeitung einiger Rohmaterialien wie Stein oder Metall ist bereits früher geschrieben worden. Zum urzeitlichen Gewerbe, das auch im Alpenraum ausgeübt wurde, gehören allerdings noch weitere Themen. Hier soll weniger auf technische Einzelheiten als auf die Existenz, Charakteristik und Entwicklung wichtiger Handwerkszweige eingegangen werden.

Fossiles Holz, Koralle, Bernstein

Fossiles gepresstes Holz in Form von Sapropelit, Lignit oder Gagat tritt in kleinen Vorkommen in den Westalpen auf. Ob die in der Westschweiz gefundenen, vorwiegend aus dem leicht polierbaren, schwarz glänzenden Gagat hergestellten Perlen, Armringe und Anhänger der Bronze- und Eisenzeit bodenständige Erzeugnisse oder Importe darstellen, ist allerdings ungewiss. Jedenfalls zeigen diese Schmuckobjekte, dass man das Material schnitzen, schleifen, bohren und sogar drechseln konnte. Bis ins Mittelalter schrieb man Gagat übrigens große Heilkraft zu.

Rote Korallen wurden als Besatz von Fibeln verwendet. In der mittleren Eisenzeit (6. und 5. Jh. v. Chr.) hat man die Bügel und den Fuß von Prunkfibeln mit Korallenstiften verziert oder auch Korallen in Plättchen geschnitten und auf scheibenförmige Fibelfüße geklebt bzw. genietet. Als Klebstoff diente, wie schon seit dem Neolithikum, vor allem das aus Birkenrinde durch Brennen gewonnene Pech. Korallengeschmückte Fibeln sind besonders zahlreich aus den Westalpen bekannt.

Die rote Koralle wächst im Mittelmeer in einer Tiefe zwischen 20 und 300 m und war in antiker Zeit nur mit Schleppnetzen fischbar. Sehr wahrscheinlich sind es Korallen von den westmediterranen Küsten, die unbearbeitet in den Handel nach Oberitalien und in das Alpeninnere gelangten.

Roher Bernstein ist bereits ab der frühen Bronzezeit vereinzelt und in den darauffolgenden Epochen immer häufiger in die Alpengebiete transportiert worden. Einen Höhepunkt für den Handel mit dem von der Ostsee stammenden Bernstein in und über die Alpen lässt sich dann Mitte des 1. Jt. v. Chr. erkennen. Dies hängt sicher mit den im Rahmen des Salzhandels enorm erweiterten Fernbeziehungen zusammen. Besonders üppiger Schmuck aus lokal hergestellten Bernsteinperlen mit oft beachtlicher Größe findet sich in den reichen Bestattungen am Dürrnberg bei Hallein in Salzburg, so z. B. in einem Frauengrab am Simonbauernfeld. Die Tote trug ein Collier aus drei Strängen mit 163 Bernsteinperlen und vier Bernsteinschiebern (längliche Perlen mit mehreren Bohrungen für mehrreihige Ketten) sowie ein weiteres Collier aus zwei Strängen mit mehr als 110 kleineren Bernsteinperlen zylindrischer und doppelkonischer Form (Abb. S. 98). Dazu kommen drei große Bernsteinringe als Anhänger und zwei Fibeln aus Bronzedraht mit aufgeschobenen Gewandhaltern und sieben Bernsteinscheiben auf den Fibelköpfen. Weitere Beigaben bestehen aus drei riesigen Brillenfibeln mit abnehmbaren profilierten Schlussknöpfen und einem Eisenmesser mit kreisaugenverziertem Beingriff.

In der Antike stand Bernstein auch in mythologischem Zusammenhang. Bernsteinstücke wurden als »Tränen der Heliaden« betrachtet, der Schwestern des Phaeton, der durch Blitze von Zeus gebannt wurde, weil er unerlaubt mit dem Sonnenwagen des Helios gefahren war.

Geweih, Knochen und Holz

Bis weit in die Eisenzeit hinein wurden verschiedenste Gegenstände aus Geweihsprossen und Knochen geschnitzt. So etwa Messergriffe, Pfeilspitzen, Nähnadeln, Tüllenmeißel, kleine Beilklingen und Dosen oder auch Gürtelhaken. Oft verzierte man die Stücke mit Unheil abwehrenden Kreisaugen oder anderen Motiven.

An vielen Fundplätzen, wo Wasser, feuchte Bodenverhältnisse, Eis oder Salz organisches Material vor dem Zerfall bewahrt haben, sind Bauteile und Gegenstände aus Holz hervorragend erhalten geblieben. Dabei lässt sich zunächst beobachten, dass der Mensch schon seit dem Neolithikum ein bemerkenswertes Wissen über die Eigenschaften der verwendbaren Hölzer besessen und die Auswahl genau auf die Funktion des gewünschten Gegenstandes abgestimmt hat. Grundkriterien hierfür waren Druck-, Knick- und Biegefestigkeit sowie Bearbeitungsfähigkeit.

Bauwerke wurden sehr oft in Lärchenholz ausgeführt. Gut konserviert und holzbautechnisch sehr interessant ist eine mittelbronzezeitliche Quellfassung in St. Moritz in Graubünden. Sie besteht aus einem äußeren Blockbau mit waagrecht, in Kerben aufeinanderliegenden Balken und innen aus einem Kasten mit schwalbenschwanzförmig ineinander verzapften dicken Brettern. Im Schacht des Brunnenhauses steckten zwei große zylindrische Wasserrohre aus ausgehöhlten Baumstämmen. Auch ein stufenförmig behauener Steigbaum war noch vorhanden.

Zu den verschiedensten Gerätschaften und Behältern aus Holz und Rinde liefern die Seeufersiedlungen am Rande der Alpen verlässliche Informationen. Es fanden sich Schalen und Schöpfgefäße mit langen bogenförmigen Griffen, aus mehreren schmalen Brettchen zusammengefügte Gefäße sowie Eimer aus hohlen Stämmen und zylindrische Rindenbecher mit eingesetzten oder angenähten Böden. Zudem gab es Schäftungen von Beilen, Messern und anderen Geräten, die bevorzugt aus Eibe oder Eiche hergestellt wurden.

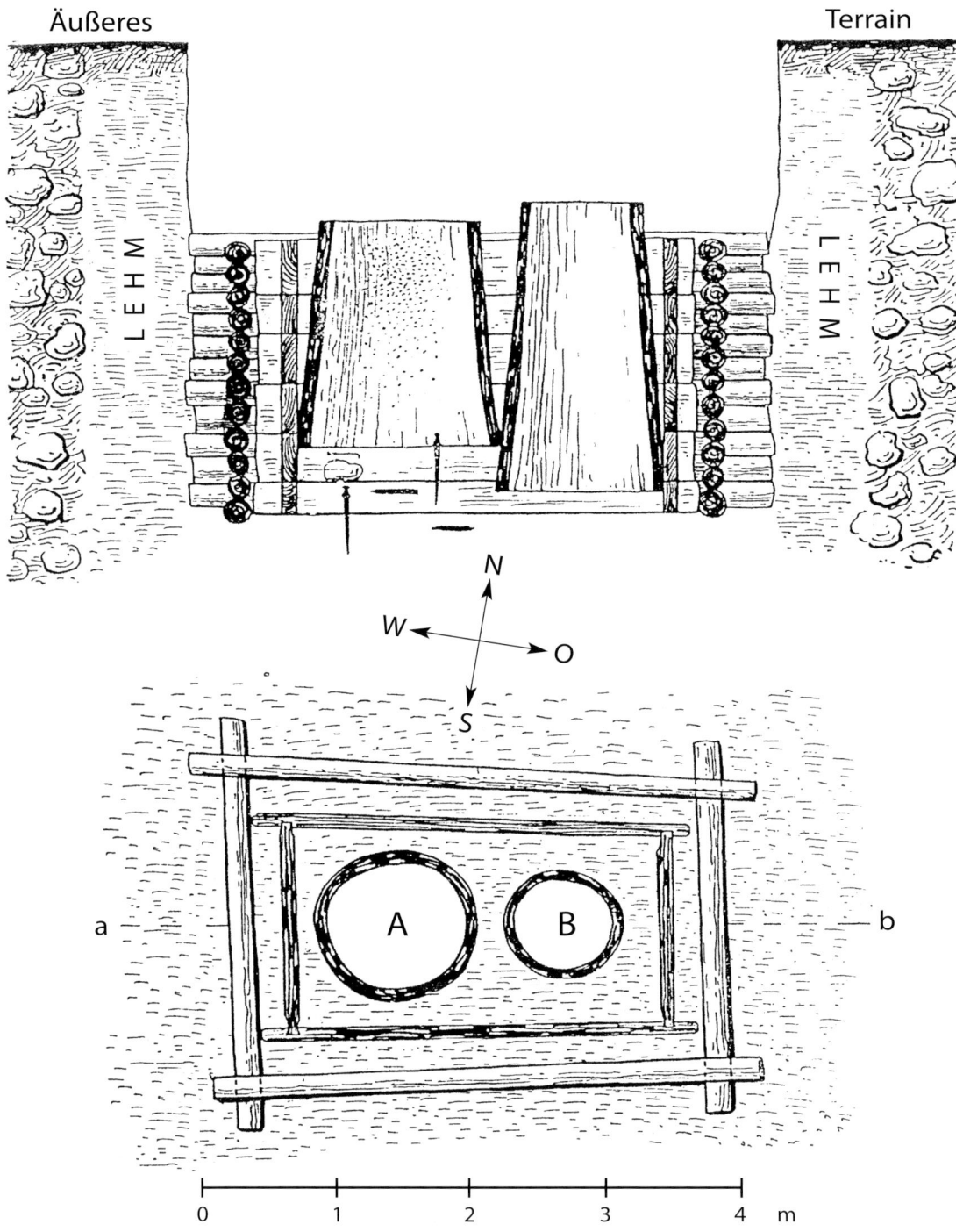

Schnitt und Grundriss der bronzezeitlichen Quelleinfassung in St. Moritz-Bad (Graubünden).

Schöpfer aus Buchen- und Gefäß aus Nadelholz (a/b). Hut (c) aus Schneeballruten über ein Fichtengestell geflochten (21 cm hoch). Seeufersiedlung in Fiavè (Prov. Trentino). Mittlere Bronzezeit.

Aus Baumbast von Weide, Eiche, Ulme und Pappel erzeugte man Seile, Geflechte und sogar gröbere Textilien. Körbe wurden aus biegsamen schmalen Zweigen von Weide oder Schneeballruten geflochten. Interessant ist auch ein geflochtener kegelförmiger Hut aus der bronzezeitlichen Seeufersiedlung in Fiavè im Trentino.

Holzgefäße oder Möbel drechselte man in Mitteleuropa erstmals im 5. Jh. v. Chr. Diese technische Neuerung geht auf die in Griechenland und Etrurien entwickelte Holzdrehbank zurück, die von den Kelten im Nordalpen- und Donaugebiet übernommen wurde.

Keramik

Einzelne Häuser der Seeufersiedlungen enthalten manchmal bis zu 90 Gefäße. Im Neolithikum und in der Bronzezeit wurde die Keramik in den meisten Haushalten selbst hergestellt. Ethnografische Vergleiche und auch Fingerabdrücke auf der prähistorischen Tonware lassen die Annahme zu, dass Töpfern Frauenarbeit war. Bevor Keramik als Serienware auf der Drehscheibe erzeugt wurde, existierte sicherlich noch kein eigenes Töpferhandwerk.

Des ungeachtet erforderte die Produktion von Hauskeramik, also von großen Koch- und Vorratsgefäßen, sowie von verzierter Feinkeramik viel Erfahrung. Ein geeigneter Ton in der Umgebung musste abgebaut und geschlämmt werden, dann erfolgte die Magerung des Tons mit Sand, Asche, Stroh oder anderem saugfähigem Material, um die Feuchtigkeit während des Brennprozesses zu binden und das Springen der Tonware zu verhindern. Die Gefäßwände wurden aus Tonwülsten oder -lappen aufgebaut. Bei Feinkeramik hat man die Oberfläche mit einer Spachtel aus feinporigem Holz, Knochen oder Glättsteinen poliert.

Noch bis in die Bronzezeit wurde die Keramik häufig am offenen Feuer oder in einer Grube gebrannt. Dann entstanden kuppelförmige Öfen mit eigener Feuerkammer und siebförmig gelochter Bodenplatte, auf die man die Tongefäße zum Brennen gestellt hat. Allerdings fanden sich für solche entwickelte Öfen, in denen die Keramik bei Temperaturen bis zu 800 °C gebrannt wurde, bisher nur sehr wenige Beispiele im Alpengebiet.

Typisch für die Feinkeramik der frühen Eisenzeit im Nordalpenraum ist eine Bemalung, meist in roter und schwarzer Farbe. Die rote Bemalung erforderte jedoch einiges Geschick, da man für eine exakte sauerstoffreiche Brennatmosphäre sorgen musste, um die auf der Oberfläche aufgetragenen eisenhaltigen Farbpigmente zu einer Rotfärbung zu bringen. Mit Baum-

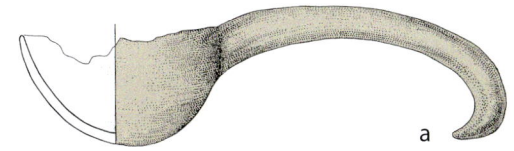
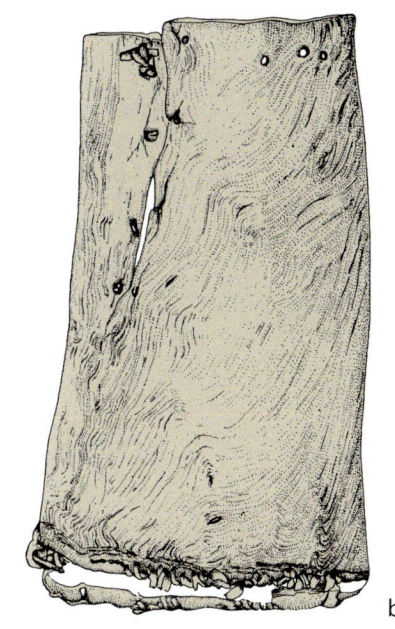
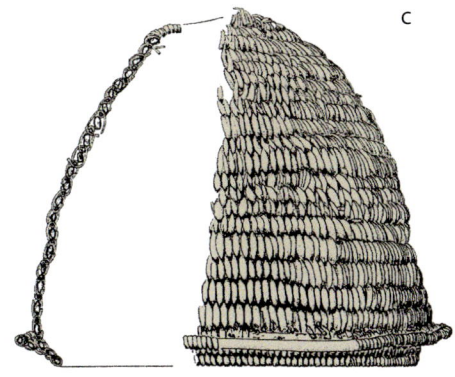

pech oder Graphit ließen sich schwarze Zierfelder oder -streifen auftragen.

Eine auf der Drehscheibe gefertigte Keramik kommt erstmals in der späten Hallstattzeit, also im 6. Jh. v. Chr., auf. Im Unterschied zu der manchmal sehr sorgfältig auf drehbaren, vielleicht auch zentrierten Unterlagen hergestellten spätbronzezeitlichen feinen Ware wurde nun eine mit dem Fuß betriebene Drehscheibe mit einer im Boden verankerten Achse verwendet. Diese Neuerung geht eindeutig auf enge Kontakte mit mediterranen Ländern zurück und war mit einer weiter verbesserten Brenntechnik verbunden. Die mechanische Drehscheibe ließ jetzt auch die Herstellung von stärker profilierten Gefäßformen zu, wobei dafür wahrscheinlich gedrechselte Holzgefäße Pate standen. Einen wirklichen Durchbruch für den

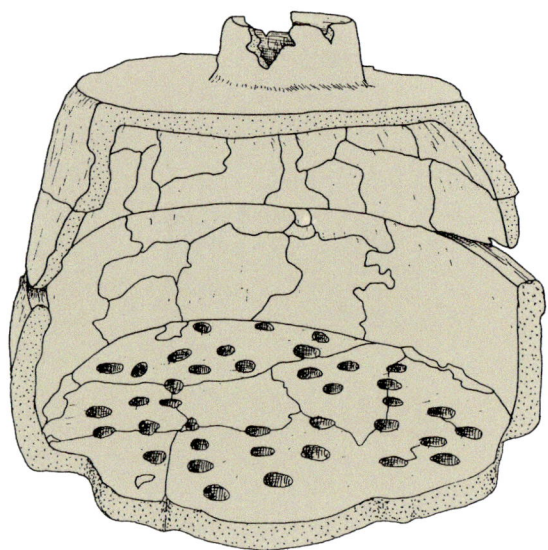

Schnitt durch einen Töpferofen aus Sévrier (Dép. Haute-Savoie). Späte Bronzezeit.

weitgehenden Einsatz der Drehscheibe gab es erst am Ende der Eisenzeit. In größeren Siedlungen der Alpen, ebenso wie in den keltischen Wirtschaftszentren des außeralpinen Raums, den Oppida, finden sich nun auch dünnwandige Tongefäße mit typischen Drehspuren. Sicherlich wurden sie von spezialisierten Töpfern für den Verkauf produziert.

Textilien

Gewiss haben Fasson und Qualität der Kleidung schon zu Urzeiten eine besondere Rolle gespielt. Als Beispiel für die eisenzeitlichen Trachten von Mann und Frau sei hier eine kurze Beschreibung gegeben: Männer trugen eng anliegende Hosen und manchmal auch Füßlinge bzw. Leggings. Über den Oberkörper bis über die Hüfte fiel ein hemdartiger Kittel mit angesetzten langen Ärmeln. Um die Schultern lag dann oft noch ein großes, fast quadratisches Tuch mit festem Randabschluss. Die Frauen bekleideten sich mit knöchellangen Röcken, die nahtlos und schlauchartig auf einem Rundwebstuhl gewebt waren. Diese Röcke wurden bis zur Brust- und Achselhöhe hochgezogen und mit Fibeln an Schultertüchern befestigt. Bei kalter Witterung trug man außerdem noch weite Umhänge.

Die ältesten Textilien wurden aus Lein oder Flachs, also pflanzlichen Fasern, hergestellt. Seit dem ausgehenden Neolithikum wurde dann zunehmend Schafwolle versponnen, wobei die Wollstoffe zunächst recht grob waren. Wolle hat gegenüber pflanzlichen Textilien bekanntlich den Vorteil, weich, warm, elastisch, filzbar und leichter einfärbbar zu sein. Während Lein mit oder auch ohne Röstprozess vor dem Spinnen verarbeitet werden musste, war bei Wolle nur ein »Raufen« notwendig.

In der Urzeit beherrschte man grundsätzlich drei Grundbindungen: seit dem Neolithikum die Tuch- oder Leinwandbindung, seit Ende der Bronzezeit die Köperbindung und später auch die Atlasbindung. Die Fasern aus Lein bzw. die gekämmte Schafwolle wurden mithilfe einer Handspindel, auf der ein Schwungrad (der Spinnwirtel) steckte, zu Garn gesponnen. Den Zwirn erhielt man durch Zusammendrehen von zwei Garnfäden. Sowohl einfaches Garn als auch Zwirn konnte am Webstuhl zu Stoffen verwebt werden.

Webstühle lassen sich in den Siedlungen häufig gleich in mehreren Häusern nachweisen. Sie sind an einer meist reihenartigen Anhäufung von Webgewichten zu erkennen. Das geradezu regelmäßige Vorkommen des Webstuhls in den einzelnen Häusern zeigt – analog zu einigen anderen handwerklichen Tätigkeiten –, dass es in der Weberei vor der jüngeren Eisenzeit kaum eine Spezialisierung gegeben hat. Das Weben besorgten die Bewohner jedes Haushalts selbst, wahrscheinlich vorwiegend Frauen und Mäd-

Sion (Wallis): Stele aus dem Gräberfeld Petit-Chasseur. Schematische Darstellung eines Kriegers im gemusterten Gewand mit Gürtel sowie Bogen quer über den Oberkörper. Anfang 2. Jt. v. Chr.

Nachbildung eines eisenzeitlichen Webstuhls.

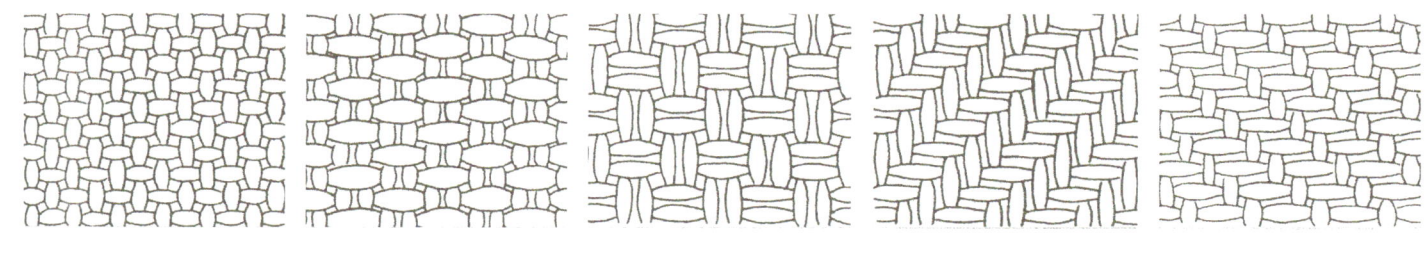

| Leinwandbindung | 2/1 Panamabindung | Panamabindung | 2/2 Köperbindung | 2/1 Köperbindung |

Beispiele für gebräuchliche Webtechniken im eisenzeitlichen Hallstatt und am Dürrnberg.

chen. Es lassen sich stehende Webstühle bzw. Hochwebstühle rekonstruieren. Sie hatten einen 2 bis 2,5 m hohen Rahmen und lehnten meist an einer Hauswand. Die senkrecht fallenden Kettfäden wurden auf einen Warentuchbaum gereiht und in Bodennähe durch Webgewichte in Spannung gehalten. Diese gelochten Gewichte aus Ton oder Stein konnten entweder in neolithischer Tradition Scheibenform oder auch die Gestalt von Pyramiden und Kegeln besitzen. Horizontal zog man mit einem »Schiffchen« oder einem Webschwert Schussfäden in die senkrechten Kettfäden ein, womit ein »Fach«, also eine Verkreuzung der rechtwinkelig zueinander stehenden Fadensysteme, erzeugt wurde.

Besonders aufschlussreich sind die vielen bestens erhaltenen Textilfunde aus dem Bergwerk in Hallstatt, aber auch vom Dürrnberg bei Hallein. Oft stammen diese Reste von Kleidungsstücken, die im Berg in Zweitverwendung getragen wurden und schon vorher lange in Gebrauch gewesen waren. Damit besitzt die Archäologie eine ganze Palette verschiedenster, oft feiner und eindrucksvoll gemusterter Stoffe. In der Bronzezeit bestanden diese zunächst hauptsächlich einfärbigen Tuche aus dicken Wollgarnen gröberer Machart. Sie waren in Leinwandbindung gewebt und hatten noch eine geringe Webdichte. Daneben gab es aber auch feinere, technisch höherstehende Gewebe in Köperbindung. Sie sind durch unterschiedlich ge-

»Ötzis« Obergewand aus senkrecht vernähten Streifen aus dunklem und hellem Ziegenfell zeigt Spuren von Rauchgerbung. Um 3300 v. Chr.

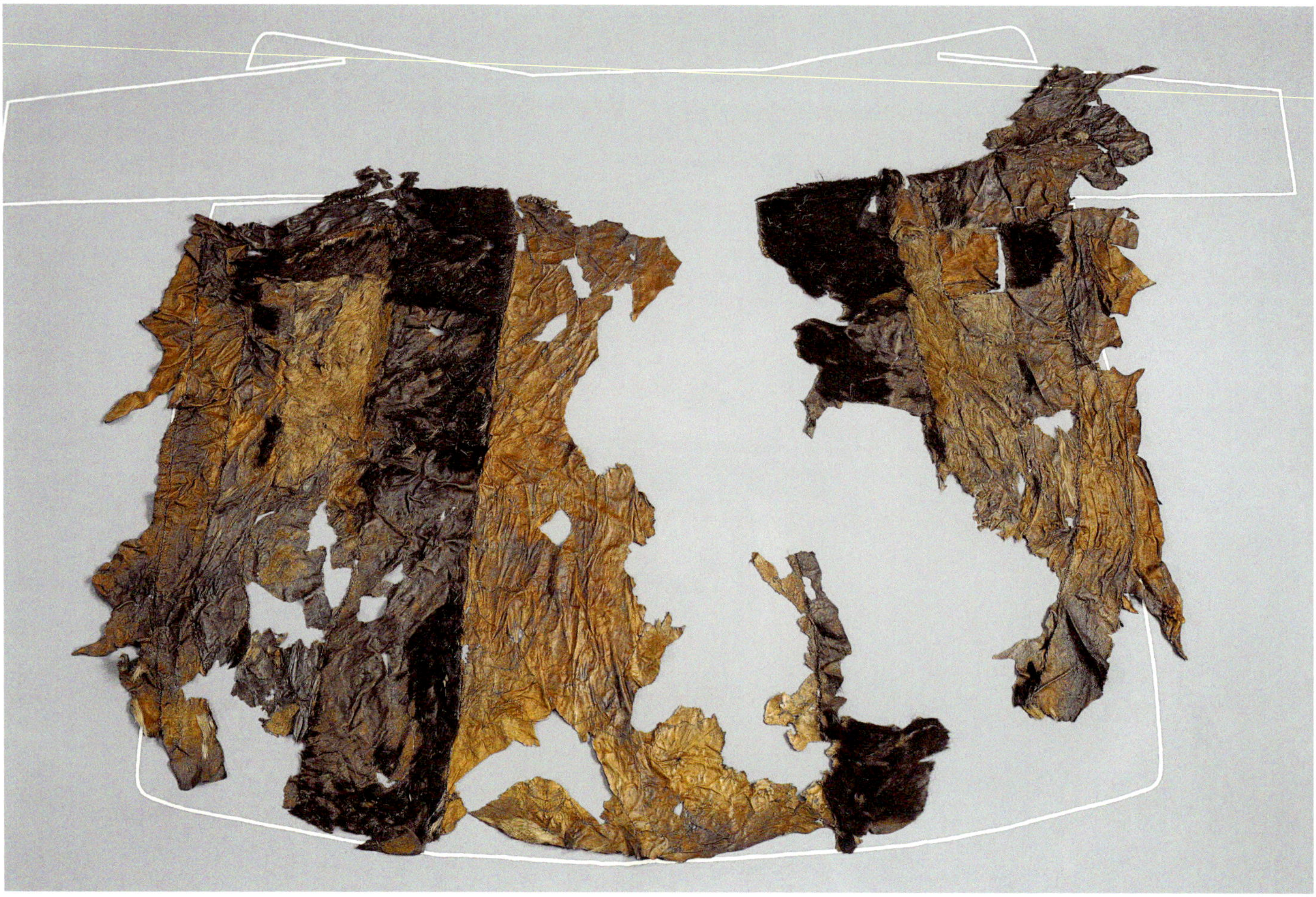

drehte Garne oder auch durch die Farben Blau und Gelb in besonderer Weise gemustert.

In der Eisenzeit sind die Stoffe meist wesentlich feiner gewebt. Die Fäden haben dabei nur eine Stärke zwischen 0,2 und 0,3 mm, und die Gewebedichte erreichte 20 Fäden pro cm². Neben der einfachen Leinwandbindung wurden nun auch kompliziertere Webstrukturen wie Panamabindung und neue Köpervarianten üblich. Die Stoffe färbte man in Rot, Gelb, Grün, Schwarz oder Blau ein.

Zum Färben benutzte man schon sehr früh Rinden und Blätter, die Gerbstoffe enthalten und mit Textilfasern bindefähig sind. Ihre Verwendung ergab gelbe, braune oder rotbraune Färbungen. Für Schwarz wurden eisenhaltige Mineralien pulverisiert und damit Motive auf den Stoffen eingefärbt. Gelb erhielt man mithilfe von Blüten oder grünen Teilen von Pflanzen. Analysen gelb gefärbter eisenzeitlicher Textilien zeigten, dass auch Kreuzdornbeeren und Safran dafür in Betracht kamen. Blau erzielte man aus den grünen Blättern von Indigopflanzen, die ein blaues Pigment enthalten. In Europa war dies der Färberwaid. Eine Rotfärbung erzielte man durch zerquetschte Flechten und Wurzeln von Labkräutern und Färberkrapp. Jedenfalls ist Färberkrapp in Stoffen am Dürrnberg nachgewiesen. Grün war – paradoxerweise – nicht direkt aus der Natur beziehbar: Dafür mussten Blau und Gelb kombiniert werden, also beispielsweise die Pflanzensäfte von Färberwaid und Färberwau.

Um die Farben dauerhaft an Textilien zu binden, benötigte man metallhaltige Beizmittel. Sie konnten etwa aus Bärlapppflanzen gewonnen werden, die Aluminium enthalten. So fanden sich in den Hallstätter Textilien Rückstände von Aluminium, Eisen und Kupfer, die wahrscheinlich von Beizmitteln stammen.

Leder und Felle

Um aus Leder und Fellen Kleidung oder beispielsweise Decken herzustellen, mussten Häute bzw. Felle aufgespannt und die letzten Fleisch- und Fettreste entfernt werden. Dann folgte das Gerben. Dafür wurden Hirn, Leber oder Mark der Tiere zuerst im Wasser aufgekocht und schließlich in die aufgerauten Fleischseiten eingestrichen. Auch vegetabile Wirkstoffe, die etwa aus Baumrinde gewonnen wurden und Gerbsäure enthielten, kamen zum Gerben in Betracht. Viel häufiger dürfte in der Urzeit aber die Rauchgerbung gewesen sein, wie sie auch für »Ötzis« Fell- und Lederkleidung nachgewiesen ist. Dabei wurden die Rohhäute dem kalten Rauch ausgesetzt, danach eingefettet, getrocknet und mechanisch weich gemacht.

Felle konnten auch wasserdicht werden, indem man sie nach dem Gerben (nochmals) räucherte, dann einweichte und walkte, knetete und auszog, bis sie trocken waren. Abschließend wurden sie nochmals geschabt und mit warmem Fett eingerieben.

Fayence und Glas

Fayence wurde bereits im 5. Jt., Glas im 3. Jt. v. Chr. im Vorderen Orient erzeugt. Obwohl sie verschiedene Strukturen aufweisen, sind die Bestandteile zur Herstellung weitgehend gleich: Kieselerde oder Quarzsand, Alkali in Form von Soda oder Pottasche sowie Kalk. Fayenceperlen treten in Mitteleuropa zu Beginn der Bronzezeit in Erscheinung, waren aber möglicherweise mediterrane Importe. Auch Perlen aus Glas sind schon Anfang des 2. Jt. im Alpenraum belegt, so etwa in Pfahlbauten im Gebiet des Gardasees. Sehr häufig kommen sie dann in der späten Bronzezeit vor. Aufgrund ihres regelmäßigen Auftretens in den Schweizer Seeufersiedlungen werden sie auch »Pfahlbauperlen« genannt. Da jedoch bisher keine Glaswerkstätten in den Alpen entdeckt worden sind, kann ein Import aus Oberitalien angenommen werden. In Frattesina bei Rovigo wurden jedenfalls eindeutige Überreste einer Glasproduktion des späten 2. Jt. entdeckt, wobei die dort hergestellten Perlen chemisch mit jenen aus den Seeufersiedlungen identisch sind.

In der jüngeren Eisenzeit gibt es dann allerdings klare Hinweise auf eine eigenständige Glaserzeugung in und nördlich der Alpen, z. B. in den großen Siedlungszentren wie im Oppidum von Manching im bayerischen Alpenvorland. Wahrscheinlich sind auch in Münsingen im Berner Oberland seit dem 3. Jh. v. Chr. verschiedenfarbige Perlen und profilierte Glasarmringe hergestellt worden. Zusätze von Kupfer, Mangan, Kobalt oder Chrom erzielten je nach Oxydationsstadium die gewünschte Farbgebung. Perlen und Ringe konnte man aus einem weichen Glasklumpen an einer Stange durch schnelle kreisförmige Bewegungen über dem Feuer formen. In keltischer Zeit kommen auch Fibeln und Scheibenhalsringe mit Glasauflagen vor.

Handel

Verkehrsnetz

Für Reisende, die vom Mittelmeerraum ins nördliche Mitteleuropa wollten, stellten die Alpen früher eine besondere verkehrsgeografische Barriere dar. Dies gilt hauptsächlich für die vorrömische Zeit, als noch keine Straßen existierten. Immerhin gab es ausreichend Pässe, um in und über die Alpen zu kommen. Von Süden gelangte man über die Pässe der zentralen Gebirgsmassive zuerst in die quer laufenden Täler von Rhône, Rhein und Inn, Salzach, Enns, Drau und Mur. Von dort erreichte man dann die Übergänge in den nördlichen Kalkalpen.

Die Pässe selbst stellten in der Regel kein allzu großes Hindernis dar. Beschwerlich für den Aufstieg war aber meist die unterste Steilstufe, die durch Flüsse und Gletscher eingegraben wurde. Oft gab es hier, wie natürlich auch in manchen Tälern, gefahrvolle Schluchten und Engstellen. Eine solche Passage wurde ursprünglich in vielen Alpengegenden als »Pass« bezeichnet. Erst später hat man diesen Terminus auf einen Übergang am Alpenkamm übertragen.

Die Pässe im Süden der Alpen sind meist wesentlich höher und schwieriger als jene im Norden. Einige Pässe hatten schon seit dem Neolithikum oder spätestens seit der Bronzezeit eine größere Bedeutung. Dazu zählen von Westen her der Kleine St. Bernhard (2188 m) und der Mont St. Cenis (2083 m), die von Oberitalien nach Südostfrankreich führen. Vom Aostatal gibt es über den Großen St. Bernhard (2473 m) und den Simplon (2000 m) Zugänge ins obere Rhônetal im Wallis. Weiter östlich folgt dann der St. Gotthard (2112 m), über den man vom Tessin in das Schweizer Mittelland gelangt. Der San Bernardino (2063 m) und der Splügen (2117 m) sind alte Übergänge von Oberitalien in das Hinterrhein- und Rheintal. Der Julier (2284 m) verbindet den Engadin, also das oberste Inntal, ebenfalls mit dem Hinterrhein- und Rheintal. In Tirol führen der Reschenpass (1508 m) und der Brenner (1378 m) vom Etsch- ins Inntal. Vom Tal des Tagliamento gehen Passwege über den Plöcken (1360 m) und Pontebbapass (797 m) ins Drautal. Weiter nördlich gibt es dann einige Übergänge auf dem Alpenhauptkamm (Hohe Tauern), die vom

Ein aus 234 Einzelstücken bestehendes Bronzedepot mit Fragmenten von Waffen, Werkzeugen, Schmuck, Pferdegeschirr und Metallgefäßen. Es wurde an der nach Süden führenden Hallstätter Salzhandelsstrecke beim »Brandgraben« im Kainischtal (Obersteiermark) entdeckt. Wahrscheinlich stellt das Konvolut eine sakrale Endlagerung von Votivgaben aus einem nahen Wegheiligtum dar. Späte Bronzezeit.

Drautal ins obere Salzachtal führen: den Felbertauern (2546 m), das Hochtor am Großglockner (2576 m), den Mallnitzer Tauern (2440 m) und den Korntauern (2460 m). Weiter östlich liegt eine Reihe von weiteren, nicht so hohen Pässen zwischen Drau-, Mur- und Enntal, die ebenfalls schon früh begangen wurden.

Oft waren die Haupttäler der Alpen noch bis in die frühe Neuzeit hinein stark versumpft und von Flüssen und deren Nebenarmen durchzogen. Aber auch die in die Alpen ziehenden Täler waren häufig wegen tiefer Schluchten und Geröllhalden schwer passierbar. Deshalb umging man diese Hindernisse auf oberen Talhängen oder Anhöhen.

Archäologisch lassen sich einige Verkehrswege schon seit der Bronzezeit gut belegen. Abgesehen von Verluststücken gab es den religiösen Brauch, Votivgaben für Gottheiten an landschaftlich markanten Stellen, sei es an einem vorbeifließenden Fluss, am Fuße eines Steilanstiegs oder auf einem Übergang, zu hinterlegen oder zu vergraben. Ein äußerst wertvolles Weihedepot aus der Zeit um 400 v.Chr. wurde beispielsweise in Erstfeld im Kanton Uri entdeckt. Es besteht aus sieben figürlich reich verzierten Hals- und Armringen aus Gold, die aus einer Werkstatt am Mittelrhein stammen. Die Funde lagen unter einem Felsblock. Erstfeld befindet sich an der wichtigen Passstrecke nördlich des St. Gotthard zwischen Vierwaldstättersee und Andermatt, und zwar genau dort, wo das Tal schmaler wird und heftig anzusteigen beginnt. Natürlich weiß man nicht, ob etwa eine fürstliche Reisegesellschaft oder ein ganzer keltischer Stamm auf dem Weg in den Süden diesen Schatz geopfert hat.

Besonders interessant sind die zahlreichen, bei systematischen Begehungen entdeckten Opferfunde entlang des Salzhandelswegs vom Südende des Hallstättersees den Fluss Traun aufwärts über das Koppen- und Kainischtal ins Ausseerland und weiter zum Enntal. Die Einzelstücke, kleinere und größere Depots aus Altmetall, stammen hauptsächlich aus der späten Bronzezeit. Händler aller Art, auch solche, die das Bergwerk in Hallstatt mit Bronzegeräten und Metall versorgten, haben den Weggottheiten Opfer dargebracht.

Auf der Passhöhe des Großen St. Bernhard, den Menschen nachweislich schon in prähistorischer Zeit überquerten, gibt es später römische Rasthäuser und Tempel. Eine Inschrift auf einer bronzenen Votivtafel spricht hier genau das aus, was man sich von den Gottheiten eigentlich erbeten und erwartet hat: »per itu et reditu« (diese Bronzetafel wird für eine gute Hin- und Rückreise gestiftet). Schließlich drohten vor allem im Hochgebirge ständig Nebel, Regen, Schnee, Steinschlag und Muren.

Da keine befahrbaren Wege über das Gebirge führten, konnten auch keine Karren oder Wagen für die Transporte verwendet werden. Waren mussten vom Menschen selbst oder von Packtieren getragen werden. Ein Säumer schaffte bis zu 30 kg, ein Tragtier bis zu 120 kg. Wahrscheinlich trugen Pferde bereits seit der Bronzezeit Lasten über die Pässe. Bei Carschenna oberhalb des Ortes Sils im Domleschg gibt es eine in den Fels eingepickte Darstellung eines Pferdes mit einem konzentrischen Halbkreismotiv am Rücken, das möglicherweise eine Traglast wiedergibt. Übrigens sind auf den Felsen auch Reiter abgebildet. Carschenna liegt an einer Umgehungsroute der Viamala nördlich des San Bernardino. Die Felsbilder lassen sich nur allgemein der Bronze- und Eisenzeit zuordnen. In den letzten Jahrhunderten v.Chr. wurden wahrscheinlich bereits Maultiere und Maulesel als Tragtiere eingesetzt.

Traggeräte sind kaum näher bekannt. Der Ötztaler Gletschermann aus dem Ende des 4. Jt. besaß eine Rückentrage aus einem Fellsack, der auf einem U-förmigen Holzgerüst mit Schnüren festgebunden war.

Vermutlich säumten auf den Passrouten vor allem die wegkundigen und im Gelände erfahrenen Einheimischen. Sie hielten zugleich die hölzernen Brücken und Bohlenwege im nassen Gelände instand. Natürlich profitierten sie auch besonders vom Handel. Die Siedlungen an den Verkehrsrouten, wie etwa das Beispiel am Padnal bei Savognin an der Julierroute zeigt, waren wohl Stützpunkte für die Säumer und den überregionalen Handel. Auf die einheimische Komponente des Saumhandels spielt der griechische Geograf Strabon etwa um Christi Geburt an (IV 6/6): »Und auch nur bei einem kleinen Fehltritt läuft man Gefahr, in bodenlosen Abgrund hinabzustürzen. Denn der Weg dort (in den Alpen) ist bisweilen so schmal, dass es den Wanderern und selbst den damit vertrauten Saumtieren Schwindel verursacht. Die einheimischen Tiere dagegen tragen Lasten sicher ...«

Auf den Zuwegen in die Alpen, aber auch in den breiteren Tälern sind vielleicht zweirädrige Karren oder vierrädrige Lastwagen benutzt worden. Denkbar wäre außerdem, dass bis zu den Passfußorten, also dorthin, wo die Transitwege die breiteren Talauen verließen und der Anstieg in die Berge begann, Wagen fahren konnten. Genau an diesen Stellen entstanden dann wahrscheinlich – wie wir dies aus dem Mittelalter gut kennen – Rast-, Handels- und Lagerplätze, wo die Waren von den Wagen auf Saumtiere umgeladen wurden. Den Handel durch die Alpen darf man wohl als sukzessiven Fernhandel bezeichnen, an dem nicht ein Händler allein, sondern auch Säumer einheimischer Stämme beteiligt waren. Vermutlich verlangte man allgemein für die Pflege des Wegenetzes auch Mautabgaben. Jedenfalls ist dies für keltische Stämme in Südgallien überliefert.

Erst für die jüngere Eisenzeit, ab dem 3. Jh. v. Chr., finden sich Ansätze für ein überregionales Straßennetz in der Westschweiz und hier eigentlich schon außerhalb der Alpen. Darauf lassen jedenfalls Reste von Holzbrücken schließen, die beispielsweise in Cornaux, Genf, La Tène oder in Payerne entdeckt worden sind. Es handelt sich um echte Ingenieurbauten, die im Laufe der Zeit immer wieder instand gesetzt wurden. In Cornaux ist die Brückenkonstruktion besonders gut rekonstruierbar: Sie bestand aus einem Traggerüst aus mehreren Gruppen von Pfählen, zu denen je drei senkrechte und je zwei seitliche, schräg in den Flussboden eingesetzte Pfosten gehörten.

Wie sich ein transalpiner Fernhandel etablierte und auf das Durchgangsgebiet auswirkte, zeigen eindrucksvoll die Ergebnisse langjähriger Forschungen der Universität Zürich. Die Untersuchungen konzentrierten sich auf die von Bellinzona im Tessin nach Norden ausgehenden zwei Passrouten über den San Bernardino und den St. Gotthard.

Die Verbindung über den San Bernardino stellt die kürzeste und schnellste Wegvariante zwischen Bodensee und Tessin dar. Zunächst folgt sie dem Rheintal bis zur Gabelung des Vorder- und Hinterrheins bei Tamins. Hier befindet sich ein früheisenzeitliches Gräberfeld aus der Zeit zwischen dem 8. und 6. Jh. v. Chr., dessen Beigaben besonders nördliche Kontakte erkennen lassen. Das Hinterrheintal aufwärts gibt es einige bronze- und eisenzeitliche Höhensiedlungen bis zum Eingang in die berüchtigt-gefürchtete Viamala-Schlucht. Diese ist 6,5 km lang, extrem eng und zugleich sehr steil. Trotz Umgehungsmöglichkeiten, etwa über Carschenna bei Sils im Domleschg, wurde sie allem Anschein nach fast auf der ganzen Strecke immer wieder begangen. Am nördlichen Ausgangspunkt auf einem Bergvorsprung liegt die mittelalterliche Burg Hohenrätien. Genau an dieser Stelle befand sich in der späten Bronze- und frühen Eisenzeit eine Siedlung. Die importierte Keramik weist auf Kontakte nach Süd und Nord. Daher lässt sich hier – wie in späteren Zeiten – ein strategischer Kontrollpunkt vermuten.

Nach einem weiteren Geländehindernis, der Schlucht von Rofla, erreicht man fast mühelos den Pass des San Bernardino. Von hier geht es dann abwärts nach Mesocco im Mesolcina-Tal auf 790 m Seehöhe. Im Bereich der mittelalterlichen Burg und der alten Wegtrasse darunter gibt es spätbronzezeitliche Siedlungsspuren, die eine weitere Kontrollstelle am Passweg anzeigen. Eine andere Höhensiedlung in der Nähe mit wohl ähnlicher Funktion datiert zwischen das 4. und 1. Jh. v. Chr. Reiche Beigabenfunde kennt man darüber hinaus von einem früheisenzeitlichen Gräberfeld, die wirtschaftliche Beziehungen nach Norden und Süden deutlich machen. Weitere Gräberfelder gleicher Zeitstellung und kultureller Orientierung wurden talabwärts in Arbedo freigelegt.

Quellen zum mittelalterlichen und neuzeitlichen Saumhandel belegen, dass man für den schwierigen Abschnitt des Passweges, nämlich von der Viamala bis Mesocco, vier Reisetage benötigte. Dabei wurde das Säumen hauptsächlich von Einheimischen betrieben, die auch für den Proviant und die Packtiere selbst aufkamen und die Wege notfalls reparierten.

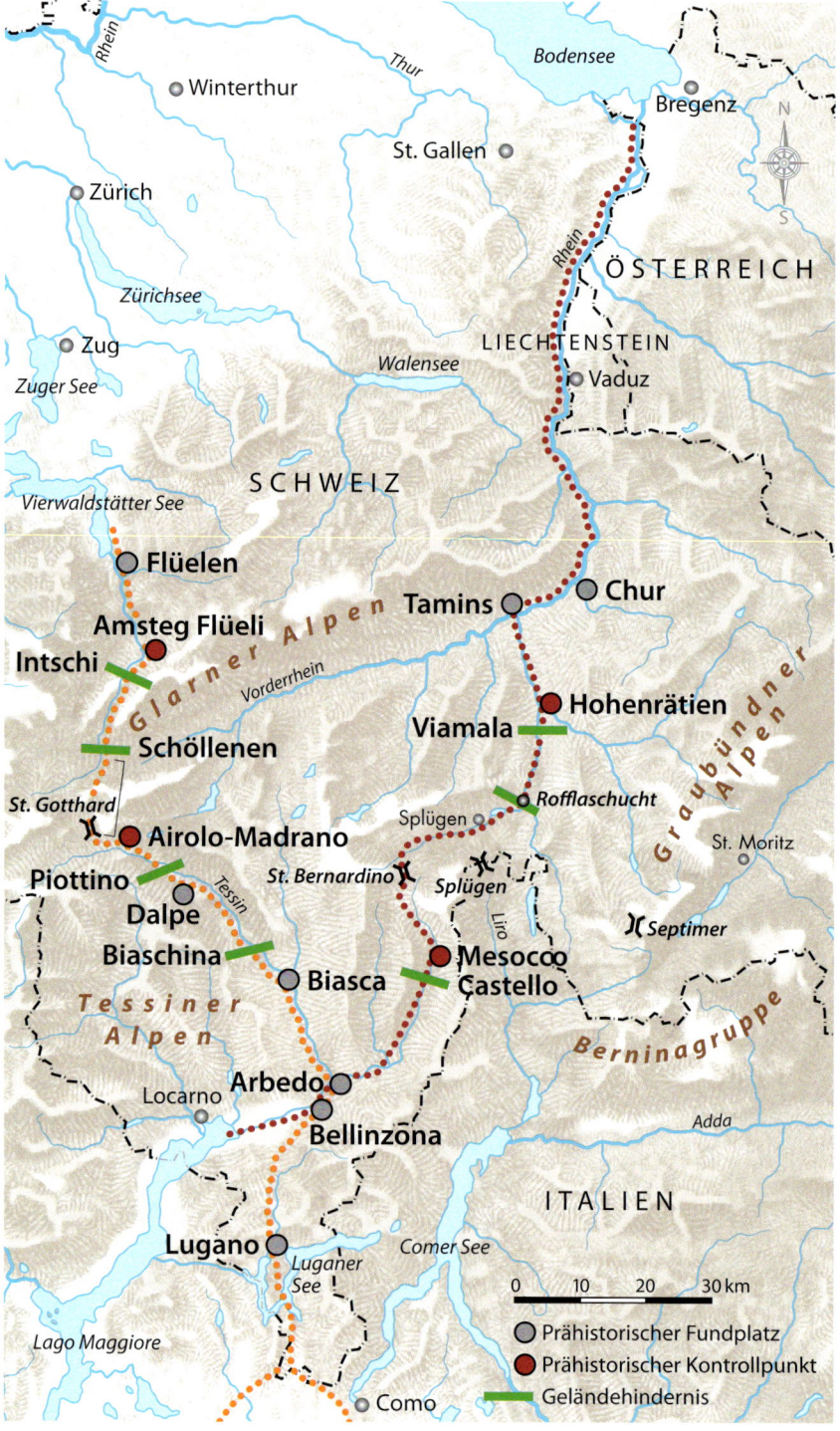

Bronze- und eisenzeitliche Passrouten über den St. Gotthard und San Bernardino zwischen Bellinzona (Tessin), Vierwaldstätter- und Bodensee.

Auch die Passroute über den St. Gotthard ist bereits in vorrömischer Zeit begangen worden. Sie stellt die direkte Verbindung zwischen dem Schweizer Mittelland und dem Südalpenrand um den Comer See und Lago Maggiore dar. Die Weglinie beginnt bei Flüelen am Urnersee südöstlich des Vierwaldstättersees. Dorthin gelangte man früher auch auf dem Wasserweg über Flüsse und Seen aus dem Schweizer Mittelland. Über das Reuss-Tal erreicht die Passroute dann die Stelle, wo das Maderanertal von Osten her in das Haupttal einmündet. Hier wird das Tal schmaler. An dieser Stelle wurde eine Siedlung der mittleren Bronze- bis frühen Eisenzeit mit südlichen und östlichen Keramikimporten ausgegraben. Wahrscheinlich hatte diese Siedlung also eine wichtige Handels- und Kontrollfunktion. Weiter südlich bis zum Kamm des zentralen Gebirgsmassivs gibt es bisher nur Einzelfunde aus dem 4. und 3. Jt. Tatsächlich ist das Gelände eher siedlungsfeindlich, und die Schöllenenschlucht musste zu allen Zeiten umgangen werden. Die Höhe des St. Gotthard kann bei 2100 m überquert werden, doch kommen für die prähistorische Zeit vielleicht eher die Nebenpässe am Bäzberg oder bei der Fellilücke in Betracht. Am südlichen Ende dieser Passstrecke liegt Airolo (1150 m).

In Airolo auf dem Talhügel »In Grop« wurde eine frühe Siedlung in strategisch hervorragender Lage entdeckt. Die felsige Erhebung engt das Tal völlig ein, sodass nur an ihrer nördlichen Flanke eine Wegführung möglich war. Hier konnte man nicht nur die Route zum und vom St. Gotthard überwachen, sondern auch das zur Fellilücke führende Val Canaria. Die Befunde datieren zwischen 1600 und 1150 sowie zwischen 350 und 100 v. Chr. Ein Befestigungswall aus Steinen oder einer Holz-Stein-Konstruktion umgab die Siedlung. Die Funde im Innern weisen auf ganzjähriges Bewohnen hin.

Unter den verkohlten botanischen Resten in Airolo lassen sich verschiedene Getreidearten nachweisen, darunter vor allem Gerste, aber auch Weizen, Erbse, Saubohne sowie die Öl- und Faserpflanze Lein. Alle diese Kulturpflanzen sind ziemlich sicher in einem kleinräumigen Feldbau auf den Hängen und Terrassen der Umgebung angebaut worden. Keramik und andere Funde lassen erwartungsgemäß weit gespannte Kontakte erkennen. So z. B. eine mit konzentrischen Rippen und durch Nadelritzungen verzierte Scheibe mit kurzem Dorn, einer Stachelscheibe, die der Form nach mit dem nordalpinen Raum, der Verzierung nach mit dem Piemont in Nordwestitalien in Verbindung steht.

Talabwärts gelangt man von Airolo bald zur Piottino-Schlucht, der früher über Prato-Levantina und Dalpe ausgewichen werden musste. In Dalpe (1180 m)

Auf dem Hügel Grop in Airolo (Graubünden) befand sich in der mittleren und späten Bronzezeit eine befestigte Siedlung, von der aus der Passweg kontrolliert wurde.

Das St. Gotthard-Massiv mit den weit ausholenden Serpentinen der Passstraße aus dem 19. Jh.

gibt es zwei kleine früheisenzeitliche Gräberfelder mit Beigaben nördlicher Herkunft. Die durch die Gräber indirekt nachgewiesene Besiedlung belegt auch eine landwirtschaftliche Nutzung dieses Gebietes. Bei Biasca trifft die St.-Gotthard-Route auf jene vom Lukmanierpass. Bei Arbedo schließlich kommt auch der Passweg vom San Bernardino hinzu.

Früher betrug die Reisezeit für das Säumen von Flüelen bis Arbedo rund fünf Tage. Natürlich hing dies auch von den Umwegen ab, die aufgrund der schwierigen Geländestellen in Kauf genommen werden mussten.

Die Beschreibung der beiden seit der Bronzezeit begangenen Passrouten über den St. Gotthard und San Bernardino zeigt also deutlich, dass Hindernisse einfach umgangen bzw. strategisch und wirtschaftlich geeignete Stellen genutzt wurden.

Auch andere Pässe in den West- und Ostalpen wurden bereits früh vom Fernhandel in Anspruch genommen. Neben dem Großen und Kleinen St. Bernhard mit bronze- und eisenzeitlichen Votivgaben sind es mehrere ostalpine Übergänge, die zum Teil schon seit der mittleren Bronzezeit begangen wurden, z. B. einige sehr hoch gelegene Tauernpässe, die das Drautal mit dem Salzachtal verbinden. Auf der Korntauernscharte (2460 m) wurden in der Bronzezeit Stücke von Gusskuchen aus Kupfer deponiert. Diese Gaben sind offenbar von Metallhändlern oder Bronzegießern abgelegt worden.

Am westlich davon gelegenen Mallnitzer Tauern (2440 m) beginnen die Opferfunde mit einer Ziernadel der späten Bronzezeit. Vom 2. Jh. v. bis 4. Jh. n. Chr. wurden dann zahlreiche Münzen deponiert. Schon die frühesten Prägungen weisen auf Fernverbindungen hin. Neben den norischen Münzen regionaler Herkunft kommt beispielsweise ein Halbobolus der keltischen Vindeliker vor, die im südlichen Bayern lebten. Oboli der Taurisker stammen wiederum aus dem heute slowenischen Raum südlich der Karawanken. Und eine silberne Hexadrachme mit Königsbildnissen sowohl auf der Vorder- als auch auf der Rückseite ist boischen Ursprungs. Die keltischen Boier siedelten am Alpenostrand (Abb. S. 106).

Noch weiter westlich am Alpenhauptkamm liegt das Hochtor (ca. 2550 m) am Großglockner, wo ebenfalls ein Münzopferplatz der keltischen und römischen Zeit entdeckt wurde. Den größten Anteil bilden keltische Kleinsilberprägungen des 1. Jh. v. Chr., insbesondere der Noriker und Taurisker. Diese Münzen zeigen, dass es weiträumige Handelskontakte zwischen Nord und Süd über das Hochtor gegeben hat. Der Fernhandel schlug sich archäologisch auch entlang der Routen beiderseits des Passes nieder. So fand sich z. B. in den engen Tälern des Seidlwinkls und der Rauris, die zum Salzachtal führen, ein frühbronzezeitliches Schwert, ein frühkeltischer Halsreif aus Gold und ein spätkeltisches Münzdepot. Diese Einzelfunde können als Opfergaben gedeutet werden. Forschungen zu Handelsplätzen, wie sie auf den Routen der Südschweizer Pässe entdeckt worden sind, stehen bisher allerdings noch aus.

Transport

Erste Hinweise auf Fahrzeuge mit Rädern stammen von einfachen Piktogrammen auf Tontäfelchen aus Uruk im südlichen Mesopotamien aus der Zeit zwischen 3517 und 3370 v. Chr. Sie haben die Form von Schlitten mit vorne nach oben geschwungenen Kufen. Unter den Kufen sind Scheibenräder dargestellt. Wahrscheinlich handelt es sich um vierrädrige Gefährte.

Die Erfindung des Rades erreichte Mitteleuropa noch in den letzten Jahrhunderten des 4. Jt. Am Rande der Südostalpen, in Stare Gmajne im Laibacher Moor, wurde das vermutlich älteste Rad im Großraum der Alpen gefunden. Das zusammen mit Fragmenten einer Achse entdeckte zweiteilige Scheibenrad wird durch eine Radiokarbonbestimmung in das 33. oder 32. Jh. v. Chr. datiert. Es ist durch Feuer gehärtet worden, um ihm eine größere Haltbarkeit zu verleihen. Ähnlich wie die vielen, aber meist etwas späteren Radfunde an den Schweizer Seen und im nordwestlichen Alpenvorland hat es ein rechteckiges Achsloch. Die beiden Segmente des Vollscheibenrades wurden mit vier Einschubleisten zusammengehalten. Die Räder im zirkumalpinen Gebiet haben einen wechselnden Durchmesser zwischen 42 und 70 cm und sind immer aus Ahornholz gezimmert, während die Leisten aus Eschenholz hergestellt sind. Die da und dort gefundenen Achsfragmente bestehen in der Regel aus Esche. Vor ihren Enden sind sie verdickt, um das Rad nicht auf das Fahrgestell auflaufen zu lassen.

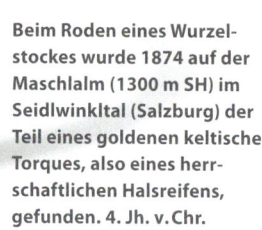

Beim Roden eines Wurzelstockes wurde 1874 auf der Maschlalm (1300 m SH) im Seidlwinkltal (Salzburg) der **Teil eines goldenen keltischen Torques**, also eines herrschaftlichen Halsreifens, gefunden. 4. Jh. v. Chr.

Scheibenrad und Wagenachse von Stare Gmajne im Laibacher Moor (Slowenien). Ende 4. Jt. v. Chr.

Rekonstruktion eines von Ochsen gezogenen Karrens mit Scheibenrädern. Spätes Neolithikum.

In der frühen Bronzezeit, zu Beginn des 2. Jt., traten wesentliche Neuerungen auf. Die Scheibenräder besitzen nun oft halbmondförmige Ausschnitte und waren somit leichter als die schweren neolithischen Vollräder. Außerdem kamen in der Spätbronzezeit – wohl über Fernhandelskontakte nach Vorder- und Kleinasien – von Pferden gezogene Wagen mit Speichenrädern auf. Im Orient und der Ägäis dienten einachsige Fahrzeuge mit Speichenrädern als Streit- und Jagdwagen. In Mitteleuropa gab es vierrädrige Prunkwagen mit Speichenrädern, die im unebenen Gelände kaum gefahren und auch nicht für Transporte eingesetzt werden konnten. Immerhin besaßen diese vierrädrigen Wagen aber schwenkbare Vorderachsen.

Ein kleines Modell aus Blei von einem vierrädrigen Wagen mit zehnspeichigen Rädern kennen wir aus einem früheisenzeitlichen Grab in Frög (Kärnten). Sicherlich war es kein bäuerliches, sondern ein der Repräsentation seines vornehmen Besitzers dienendes Fahrzeug.

Im landwirtschaftlichen Milieu wurden noch während der Bronzezeit Wagen mit Scheibenrädern eingesetzt, wobei es neben den zweirädrigen ebenso Fahrzeuge mit zwei Achsen und vier Rädern gab. Dies belegen etwa Felsbilder im oberitalienischen Valcamonica. In der Eisenzeit, ab dem 8. Jh., wurden scheinbar auch Fuhrwerke mit Speichenrädern gefahren, die dann von Pferden gezogen werden konnten.

In den Seeufersiedlungen am nördlichen und südlichen Alpenrand nutzte man natürlich auch den Wasserweg mit Booten. Dies trifft ebenso für ruhig fließende Gewässer mit entsprechender Wasserführung

Die spätneolithischen Wagen in Mitteleuropa waren wohl meist zweirädrige Fahrzeuge mit rotierender Achse. Dank ihrer massiven Bauweise konnten sie für Kurzstreckentransporte auch im hügeligen Gelände eingesetzt werden. Rinder dienten als Zugtiere.

An ihren Laufflächen und den Seiten zeigen die Räder fast immer eine sehr starke Abnutzung. Sicherlich waren die Wagen also häufig und mit hoher Last gefahren worden. Dabei fällt auf, dass die Wagenteile meist am Rand der Seeufersiedlungen lagen. Diese Beobachtung erweckt den Eindruck, dass es sich bereits damals um beschädigte, nicht mehr benutzbare Fahrzeuge gehandelt hat, die abseits stehen gelassen worden waren. Auch dies spricht dafür, dass solche Lastwagen bei den Bauern am Alpenostrand zum Alltag gehörten. Tatsächlich kennen wir nach vereinzelten Vorläufern gerade seit Ende des 4. Jt. immer wieder Bohlenwege in den Feuchtbodensiedlungen, die zum Befahren geeignet waren.

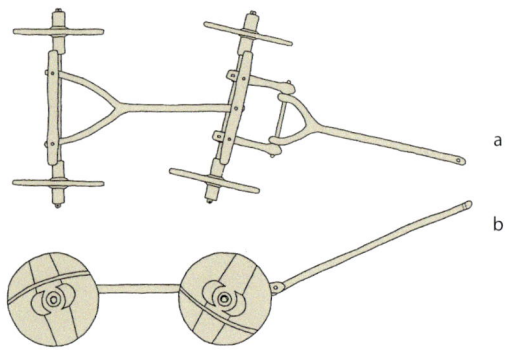
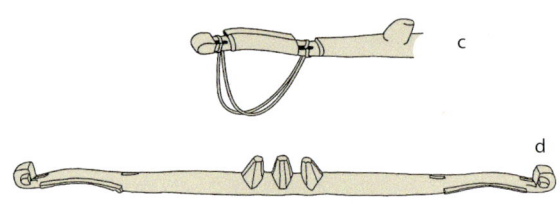

Rahmenkonstruktion eines spätbronzezeitlichen Scheibenradwagens (1:50) mit Joch (1:18). Die Vorderachse war schwenkbar.

zu. Laut Berechnungen hatten die Flüsse in einigen prähistorischen Perioden immerhin einen um 20% höheren Wasserstand als heute, was das Bootfahren begünstigte. So konnten Einbäume, die eine Wassertiefe von rund 70 cm benötigten, nicht nur auf allen Seen eingesetzt werden, sondern auch auf den wasserreichen, wenig gewundenen Unterläufen der größeren ostalpinen Flüsse wie Inn, Salzach, Mur und Drau. Innerhalb der Westalpen waren die Flüsse allerdings nicht in diesem Ausmaß schiffbar.

Einbäume gab es bereits seit dem Mesolithikum. Der bisher älteste Fund stammt jedoch aus dem Flachland: Im niederländischen Pesse wurde ein Einbaum aus der Zeit um 6300 v. Chr. entdeckt. Zwei spätneolithische oder bronzezeitliche Einbäume kamen im Sattnitzmoor am Ostende des Wörthersees in Kärnten zutage. Sie sind aus den Hälften von Eichenstämmen hergestellt, die vielleicht durch Ausbrennen ausgehöhlt wurden. Auf jeden Fall ist das Innere der Boote noch mit Beilen oder Äxten zugerichtet worden.

Eingeklopftes Felsbild eines vierrädrigen Pferdewagens mit Speichenrädern in Valcamonica, Naquane (Prov. Brescia). Eisenzeit.

Einbaum aus dem Sattnitzmoor in Klagenfurt-Viktring (Kärnten). Ende 3. oder 2. Jt. v. Chr.

Paddel aus Weißtannenholz von Steinhausen-Chollerpark am Zugersee (Kt. Zug). Zwischen 1690 und 1360 v. Chr.

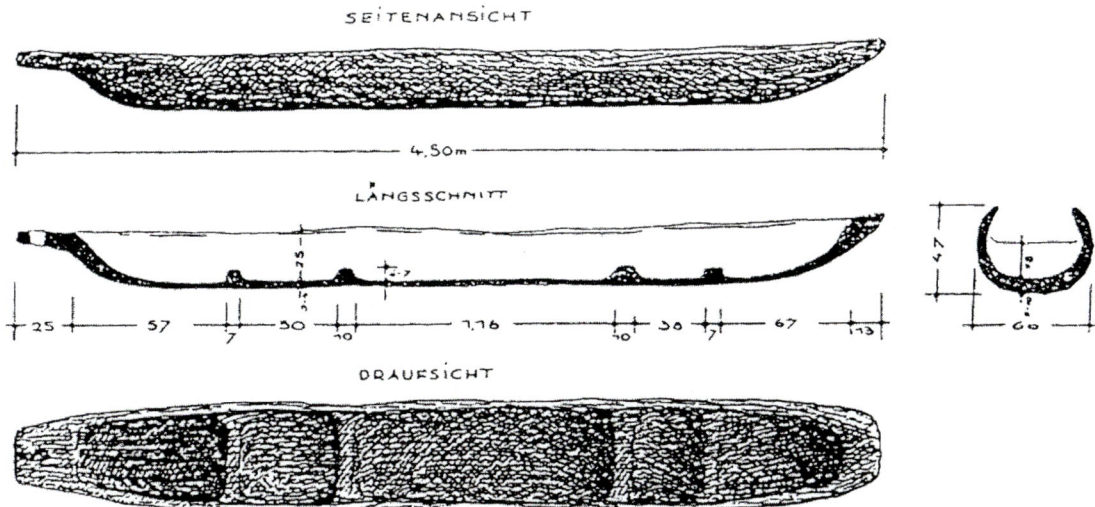

Die beiden Einbäume sind 4,5 bzw. 4,75 m lang, 60 cm breit und 30 bzw. 50 cm hoch. Am Boden wurden drei bzw. vier Versteifungsleisten im Holz belassen. Die äußeren Böden wurden flach zugeschlagen. Bug und Heck laden jeweils leicht aus.

Andere Einbäume besitzen am Bugende Ösen, mit deren Hilfe sie am Ufer vertäut werden konnten. In Steinhausen am Zugersee wurde ein noch über 1 m lang erhaltenes Paddel aus Weißtannenholz gefunden. Je nach Größe – und es gibt Einbäume mit bis zu 10 m Länge – betrug die Ladekapazität zwischen 200 und 1000 kg. Dies zeigt, dass größere Einbäume gewiss nicht nur für die individuelle Fortbewegung, sondern auch für Transporte bestimmt waren.

Ein anderes Wasserfahrzeug tritt uns im Modell eines Frachtkahns entgegen, das in einem Schwertgrab, einer Nachbestattung des Prunkgrabes 44/2 am Dürrnberg-Moserstein bei Hallein (Salzburg), entdeckt wurde. Es ist aus Goldblech gefertigt und 6,6 cm lang. Seine Seitenwände sind steil, der Boden völlig eben und das breite Heckende als Laderampe abgeflacht. Gestalt und Proportionen des Bootes sprechen eindeutig für einen Einbaum. Ganz ähnliche Einbäume wurden z. B. noch vor wenigen Jahrzehnten als Fischerboote am Mondsee im Salzkammergut eingesetzt.

Bei der Freilegung des Grabes war auf der in Fahrtrichtung rechten Bootsseite des Modells vorne und hinten je ein Ruder durch die Bordwand gesteckt. Möglicherweise steckten diese Ruder mit besonders großen, breiten Blättern beim realen Vorbild nicht in den Löchern in der Bordwand, sondern wurden außen an diese schräg angebunden. Noch heute gibt es einbaumförmige Plankenboote auf den nördlichen Alpenseen mit dieser Ruderbindung, wobei die zwei großblättrigen Ruder aber nicht auf derselben Bordaußenseite befestigt werden, sondern jeweils rechts hinten und links vorne. Mit diesen beiden Rudern kann das Schiff zugleich fortbewegt und gesteuert werden. Und so ist es auch durchaus denkbar, dass man mit einer ähnlichen Rudertechnik einen Einbaum die Salzach hinunter bis zum Inn und von dort bis zu dessen Mündung in die Donau bei Passau fahren konnte. Ob er dann nach Löschung der Fracht wieder zurück flussaufwärts getreidelt, über den Landweg auf einem Wagen transportiert oder aber sein Bootsholz verwertet wurde, muss offen bleiben.

In die Realität umgesetzt dürfte das Dürrnberger Boot etwa 7 m lang und 90 cm breit gewesen sein. Die Traglast lag dann bei rund 700 kg. Ein Kahn dieser Bauart lief also beim Landen mit dem Heck voraus am flachen Ufer der Salzach auf. Über die offene Heckpforte konnten Warenpakete oder Fässer mit Salz vom Dürrnberg an Bord gebracht oder gerollt werden. Wahrscheinlich war der im Schwertgrab bestattete Mann eine Art Schiffsmeister, der in Diensten eines Salzherren stand und auch in dessen Grabhügel nachträglich bestattet wurde. Der Salztransport hatte ihm zu Reichtum und Ansehen verholfen. Das Miniaturboot wurde ihm vielleicht als Berufsabzeichen und in Erinnerung an seine Tätigkeit mit ins Jenseits gegeben.

In Yverdon am Südwestufer des Neuenburgersees (Westschweiz) ist ein in Form und Dimension dem Dürrnberger Lastkahnmodell sehr ähnliches Boot aus frührömischer Zeit erhalten geblieben. Das Grundgerüst besteht aus zwei ausgehöhlten Hälften eines der Länge nach gespaltenen langen und kräftigen Baumes. Zwischen diesen Hälften sind mehrere Bodenplanken eingefügt. Alle Teile sind mit großen eisernen Nägeln an schwere, fußbreite Spanten angenagelt.

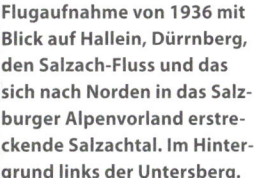

Modell aus Goldblech eines Lastkahnes für den Salztransport auf der Salzach. Die Ruder dienten der Steuerung und waren in der Realität wohl senkrecht außen an der Bordwand fixiert. Beigabe aus einem Grab am Dürrnberg-Moserstein (Salzburg).
1. Hälfte 4. Jh. v. Chr.

Flugaufnahme von 1936 mit Blick auf Hallein, Dürrnberg, den Salzach-Fluss und das sich nach Norden in das Salzburger Alpenvorland erstreckende Salzachtal. Im Hintergrund links der Untersberg.

Handel mit Stein und Muscheln

Schon im Paläolithikum und Mesolithikum wurden Silex, Muschelschalen und Schneckenhäuser von weither eingetauscht. Man muss sich das wohl als »Kettentausch« vorstellen, bei dem von einer Jägergruppe zur anderen qualitätvoller Feuerstein oder auch Muscheln und Schnecken im Tausch weitergereicht wurden. So kommen beispielsweise an Südtiroler Lagerplätzen des 9. und 8. Jt. durchbohrte Schneckenhäuser von »Columbella rustica« vor, die aus dem Mittelmeer stammen. Aber auch jenseits der Alpen, an der oberen Donau, wurden Columbella-Schnecken als Schmuckteile von Halsketten entdeckt. Diese Funde belegen also Kontakte über die Alpen hinweg.

Im frühen Neolithikum, zurzeit sesshafter Bauern, scheint dann ein echter Tauschhandel durch wandernde Händler aufgekommen zu sein. Einen Hinweis liefert z. B. die weiträumige Verbreitung der Meeresmuschel »Spondylus gaedoropus«. Der aus dieser Muschel hergestellte Schmuck in Form von zurechtgeschnittenen und durchbohrten Anhängern, Röhrenperlen und vor allem Armringen war im 6. Jt. im Karpatenbecken und in Mitteleuropa sehr beliebt und findet sich hauptsächlich in Frauengräbern. Auch am südlichen und nördlichen Alpenrand taucht Spondylusschmuck auf. Die ältere Forschungsmeinung ging von einem Import der Spondylusmuscheln aus der Ägäis und vom Schwarzen Meer aus, wobei der Handelsweg entlang der Donau nach Mitteleuropa führte. Heute wird auch ein Handel von der adriatischen und tyrrhenischen Küste in Betracht gezogen, der quer über die Alpen verlief.

Im mittleren Neolithikum, also im 5. Jt., nahmen die Handelskontakte deutlich zu. Auch das Alpen- und Voralpengebiet hatte daran Anteil. Dies zeigen etwa Meeresmuscheln in den Schweizer Seeufersiedlungen, die den weiten Weg vom Mittelmeer oder auch dem Atlantik dorthin gefunden hatten. Noch deutlicher wird dieses Bild, wenn man den in den Westalpen für Geräte und Waffen verwendeten Feuerstein untersucht. Im Silex eingeschlossene Mikrofossilien können über seine Herkunft Aufschluss geben. Bei den Analysen stellte sich heraus, dass ein Teil der Silexartefakte aus einheimischen Feuersteinvorkommen hergestellt wurde, ein anderer aber aus qualitativ hochwertigem Feuerstein von Lagerstätten in Bayern, den Niederlanden, Westfrankreich und Savoyen oder des südlichen Alpenrands. Interessant ist dabei, dass diese Bezugsquellen im Laufe der Zeit oft auch wechselten.

Fertigerzeugnisse gelangten natürlich ebenso in den Handel. Dazu zählen etwa spitznackige, langdreieckige Beile oder Dechsel aus Jadeit, der in den Bergmassiven des Monte Viso und des Monte Begua in den Cottischen Alpen (Piemont) seit Ende des 6. Jt. gewonnen wurde. Abbaustellen dieses feinkörnigen, leicht durchscheinenden, hellgrünen und wegen seiner besonderen Widerstandsfähigkeit begehrten Materials sind in den letzten Jahren eingehend erforscht worden. Die bisher bekannten neolithischen Jadeitsteinbrüche liegen auf 2000 bis 2400 m Seehöhe am

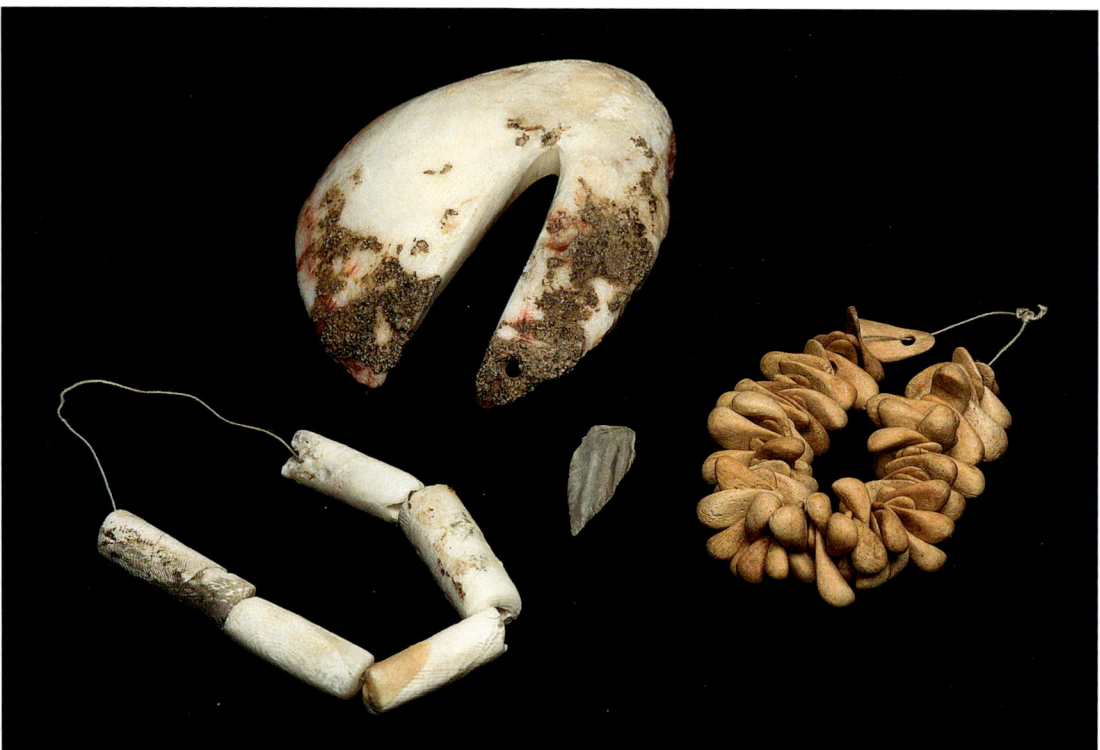

Spondylusschmuck aus einem Grab in Rutzing (Oberösterreich). Die Schmuckkette rechts besteht aus Perlen, die Hirscheckzähnen (Hirschgrandeln) nachgeschnitzt sind. 2. Hälfte 5. Jt. v. Chr.

Monte Viso. Dort wurden mithilfe von Feuersetzung Jadeitplatten aus dem Gestein abgesprengt, an Ort und Stelle geglättet und in die Rohform von Beilen gebracht. Bis zu 60 cm dicke Schichten aus Abschlägen und Abfällen der Rohstücke künden noch von der Verarbeitung des Rohmaterials. Auch wurden zahlreiche Rohlinge entdeckt, die bei der Zurichtung zerbrochen waren.

In bäuerlichen Talsiedlungen wurden die Rohlinge dann weiter bearbeitet. So kennt man inzwischen auch Werkstätten in Alba bei Cuneo, rund 70 km östlich des Monte Viso, wo diese vorwiegend für die Holzarbeiten bestimmten schweren Steingeräte gewissermaßen finalisiert wurden. Neben größeren Beilen kommen aber auch auch kleinere Dechsel und Meißel vor.

Eingehandelt wurden die Jadeitbeile vor allem am Alpensüdrand und in den Westalpen. Jenseits der Alpen fanden sich ebenfalls Exemplare, so etwa in Südostfrankreich oder Süddeutschland bzw. im österreichischen Donauraum. Hier dienten die Dechsel allerdings nicht der praktischen Verwendung, sondern dem Kult. Beispielsweise gibt es Opferdepots aus Jadeitbeilen. Eine dieser Bedeutungsveränderung sehr ähnliche Entwicklung kennt man heute noch aus Neu-Guinea. Dort werden große Steinbeile im Herstellungsgebiet als Werkzeuge benutzt, aber in den Exportgebieten jenseits einer sprachlichen und kulturellen Grenze als Geschenke oder auch als Kultobjekte.

Kupfer- und Bronzehandel

Vor wenigen Jahren stieß ein Pilzsammler am Nordfuß des Korntauern im Raum Bad Gastein (Salzburg) auf einen nicht alltäglichen Fund: Er entdeckte die

Jadebeil (hier in Vorder- und Seitenansicht) aus der Bretagne.

Hälfte eines mit einem konzentrischen Kreismotiv verzierten bronzenen Kammhelms. Die Stelle befindet sich auf rund 1200 m Seehöhe am Aufweg zum Korntauern-Pass am Alpenhauptkamm.

Eine weitere Hälfte eines Kammhelms kennt man aus einem Bronzedepot auf der Pillerhöhe im oberen Inntal (Nordtirol) und einen kompletten Helm vom Pass Lueg oberhalb der Salzachklamm (Salzburg). Alle drei Helmfunde gehören demselben Typ an. Auffallend ist ihre Fundlage an wichtigen Passrouten, die mit dem Nord-Süd-Fernhandel in Zusammenhang stehen. Allerdings sind an allen drei Helmen Gebrauchsspuren zu erkennen. Innerhalb der großen Familie der Kammhelme lässt sich die in Salzburg und Tirol nun dreifach belegte Helmvariante in das 12. oder 11. Jh. v. Chr. datieren.

Metallanalysen an inneralpinen Kammhelmen sprechen für eine Herkunft des verwendeten Kupfers

Die schönste alpine Jade finden sich am Fuß des Monte Viso, vor allem auf der Hochebene oberhalb des Lenta-Tales.

Zweischaliger bronzener Kammhelm vom ostalpinen Typ. Pass Lueg (Salzburg). 12./11. Jh. v. Chr.

aus der Mitterberger Abbauzone im Salzachpongau. Die Helme vom Pass Lueg und Korntauern-Passweg weisen in ihrer Form und bei einigen Verzierungsdetails deutliche Gemeinsamkeiten auf. Hingegen weicht der Helm von der Pillerhöhe in einigen Merkmalen ab. Dies lässt auf verschiedene, wenn auch miteinander in engem Kontakt stehende Werkstätten schließen, in denen die Helme geschmiedet wurden.

Indirekt liefern die drei Kammhelme zugleich wichtige Hinweise auf soziale Strukturen und den Fernhandel. Ursprünglich waren sie mit hohen Helmbüschen geschmückt. Als kostbare Prunkhelme dienten sie sicherlich eher der Repräsentation als einer Verwendung im Kampf. Daher ist anzunehmen, dass diese Schutzwaffen territorialen Potentaten gehörten, die nicht nur den bronzezeitlichen Kupferbergbau und vielleicht auch die Salzgewinnung im inneren Alpenraum kontrollierten, sondern ebenso den Handel mit diesen Rohstoffen. Einer solch politisch mächtigen Gruppe von Bergherren können offenbar die reich mit Waffen, Ton- und Bronzegeschirr sowie mit vierrädrigen Zeremonialwagen ausgestatteten Kriegergräber des nördlichen Alpenvorlandes zugeordnet werden. Sie datieren vor allem ins 13. und 12. Jh. v. Chr. (vgl. Wagenräder auf Karte S. 97).

Wahrscheinlich wurden die Kammhelme in den Hofschmieden dieser Eliten hergestellt. Sie gaben ihren Handelskarawanen nicht nur Rohkupfer oder Salz mit auf den Weg in den Süden, sondern auch wertvolle Beifracht wie Schmuck und Waffen. Hauptsächlich dürften solche Waffen wohl den Handelspartnern als Gastgeschenke übergeben worden sein. Allerdings scheint man einige Stücke bereits unterwegs den Berg- und Weggottheiten geopfert zu haben. Dies würde auch die Tatsache erklären, dass Helme an schwierigen und gefährlichen Passstrecken als Votivgaben deponiert worden sind. Eine Opferung der Helme sollte zugleich symbolischen Schutz vor den Gefahren im Gebirge bieten.

Möglicherweise lassen sich einige wirtschaftliche Verhältnisse der spätmykenischen Palastkultur in Griechenland mit den einfacheren Strukturen Mitteleuropas vergleichen. In Archiven der mykenischen Burgen von Knossos und Pylos wurden Tontäfelchen mit Texten in Linear-B-Schrift entdeckt. Diese Texte sprechen nie von »Kaufmann« oder »Händler«. Stattdessen ist von Werkstätten und Handwerkern die Rede, die einem Herrn oder dem Herrscher unterstanden. Dementsprechend wurde auch der Austausch und Handel von der Oberschicht selbst betrieben, da die Handwerker ihre Ware nicht frei verkaufen konnten. Vielleicht war der spätbronzezeitliche Handel in Mitteleuropa ähnlich organisiert.

Bereits in der frühen Bronzezeit, im beginnenden 2. Jt., wurden Rohkupfer und Fertigerzeugnisse aus dem nördlichen Mitteleuropa und dem Alpenraum nach Italien geliefert. Allerdings versorgte man sich auf der Apenninenhalbinsel vorwiegend noch aus den eigenen kleineren Lagerstätten mit Kupfer. Seit dem 16. Jh. war der Bedarf an Rohkupfer in Italien jedoch so gestiegen, dass er hauptsächlich nurmehr durch Import aus den Alpen gedeckt werden konnte. Tatsächlich wurde der Kupferbergbau im Salzach- und Inntal zu dieser Zeit deutlich intensiviert, und der Handel mit Kupfer nach Norden und Süden erlebte eine Blütezeit. In den oberitalienischen Terramaren-Siedlungen, also den Pfahlbausiedlungen auf festem Land in der Poebene, finden sich in dieser Zeit vermehrt Bronzeprodukte aus nordalpinen Werkstätten. Der Handel erfasste somit nicht nur Rohkupfer, sondern auch Fertigprodukte.

In der Spätbronzezeit entwickelte sich dann allerdings ein ausgeprägter Handel mit gegenseitigem Interesse in Nord und Süd. Aus Mittel- und Norditalien gelangten bestimmte Dolch- und Schwertformen nach Mitteleuropa, vielleicht auch in Verbindung mit Wanderhandwerkern. Andererseits finden sich z. B. bronzene Schmucknadeln und Prunkmesser aus dem Nordalpengebiet in Oberitalien. Hinzu kam jedoch vor allem ein äußerst beachtlicher Handel mit Rohkupfer, der vom Südalpengebiet ausging. Bei einem Forschungsprojekt mit Prähistorikern, Althistorikern und Ärchäometallurgen der Universitäten Wien, Salzburg und Tübingen wurden in den letzten Jahren zahlreiche spätbronzezeitliche Bronzeobjekte aus Italien, vor allem Waffen und Geräte, auf Spurenelemente

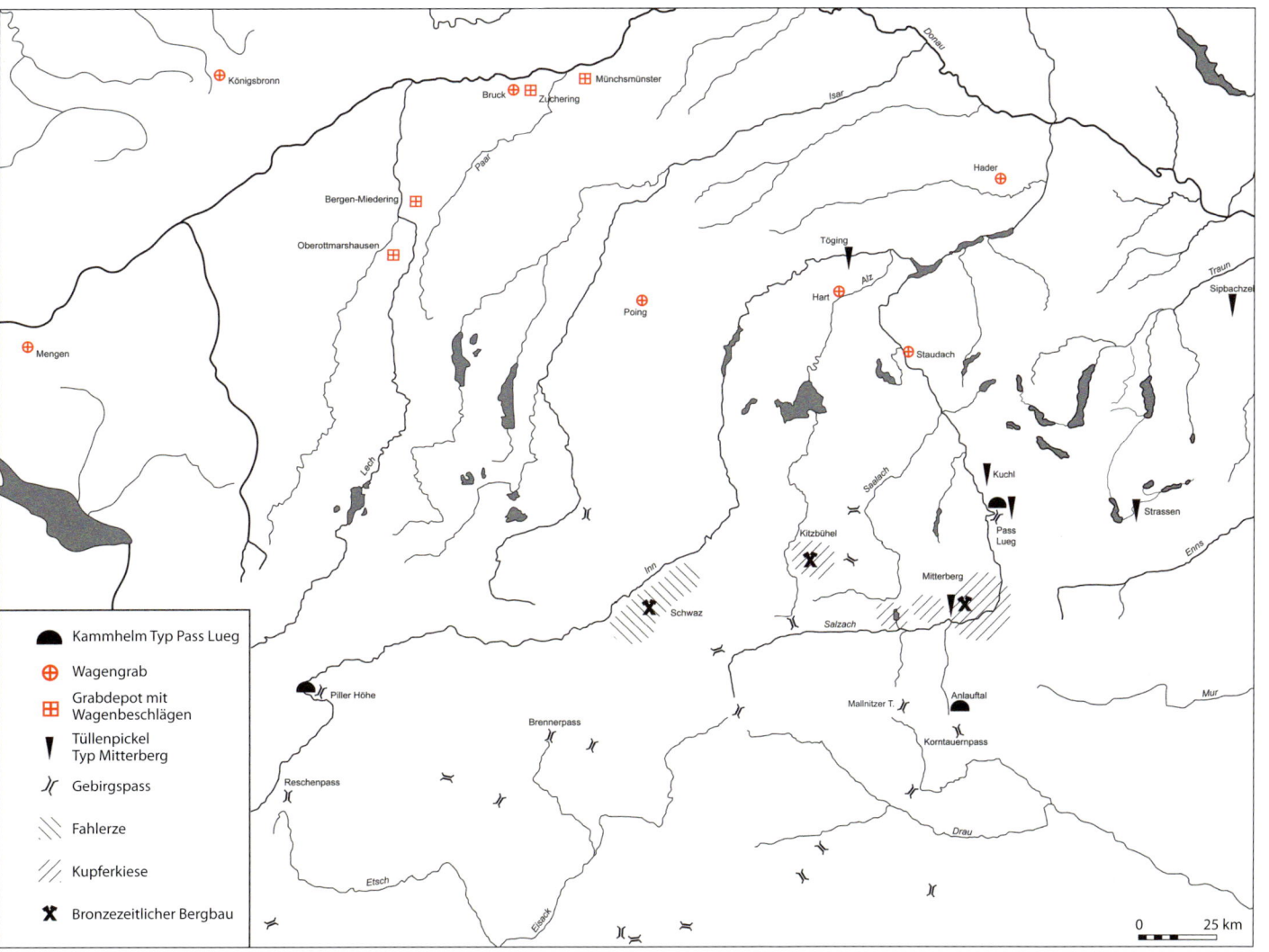

Verbreitung ostalpiner Kammhelme, bronzener Bergmannpickel sowie reicher Wagenbestattungen und -depots in den mittleren Ostalpen und im nördlichen Alpenvorland. Die schraffierten Zonen kennzeichnen die wichtigsten Kupferabbaugebiete der späten Bronzezeit.

98 | Handel

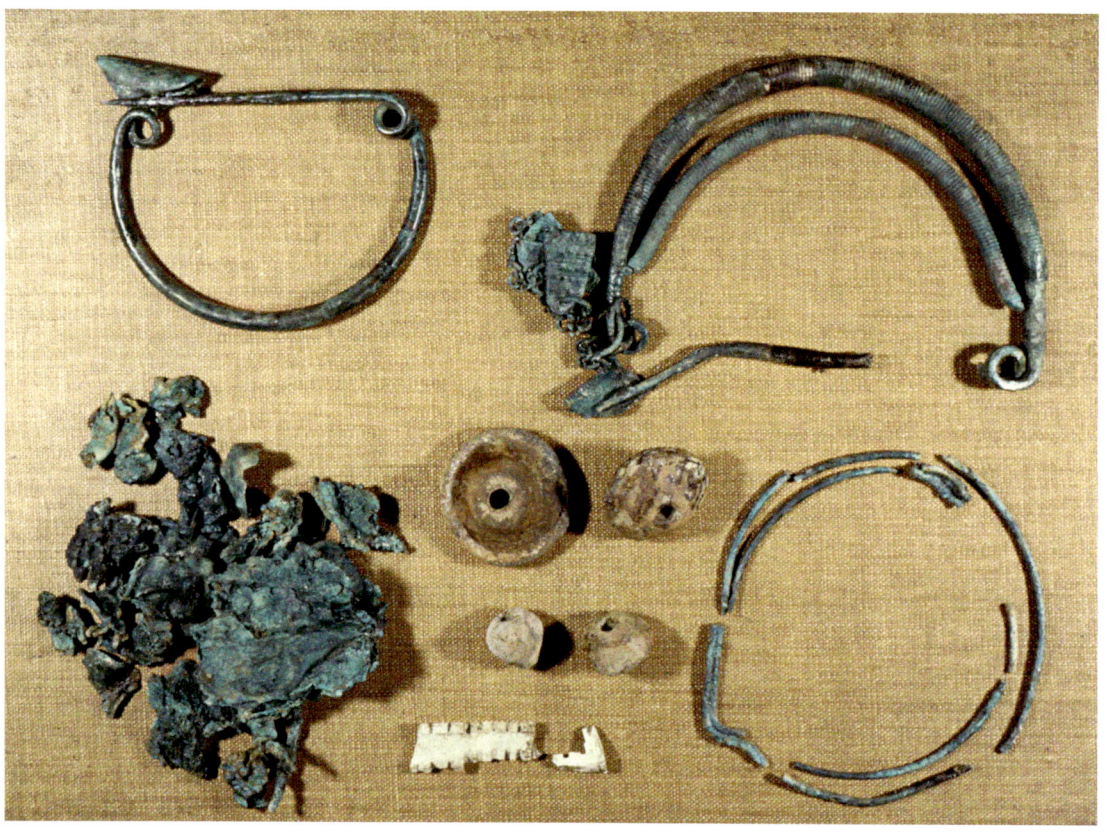

Schmuck einer sozial hochstehenden Dame aus einem Grab am Dürrnberg-Simonbauernfeld (Salzburg). Sie trug mehrere Bernsteincolliers, Ringschmuck sowie Ohrringe mit Perlen aus Bernstein und riesige Spiralkopfnadeln aus Bronze. Neben der rechten Hüfte lag ein langes Schneidemesser, das zum Zerteilen ihres Fleischproviantes bestimmt war.

Beigaben aus einem Grab in Bischofshofen-Pestfriedhof: Spiraldrahtreif, zweischleifige Bogenfibeln aus Bronze, verschmolzene Reste eines Bronzegefäßes, Spinnwirtel und Perlen aus Ton sowie Webkamm aus Knochen. Frühes 7. Jh. v. Chr.

Kupfer- und Bronzehandel

Früheisenzeitliche Frauentracht aus Bischofshofen mit zweischleifigen Bogenfibeln, die das Kleid an der Schulter zusammenhielten.

Zweischleifige Bogenfibeln waren während der frühen Eisenzeit im heutigen Slowenien in Mode. Fibelfunde dieses Typs in den kupferproduzierenden Gebieten im Salzachtal oder im Salzabbauort Hallstatt spiegeln Handelsbeziehungen zum Südostalpengebiet wider.

und Isotope des enthaltenen Kupfers analysiert. Die Ergebnisse dieser Untersuchungen belegen, dass Bronzewerkstätten in Venetien und der Lombardei im Norden, in Mittelitalien und Apulien sowie in Kalabrien und Sizilien aller Wahrscheinlichkeit nach ihr Rohkupfer aus Südtirol und dem Trentino bezogen hatten. Die geradezu industrielle Raffinierung von Kupfererzen in Acqua Fredda im Trentino wurde bereits erwähnt. Sie spielte für den Kupferexport in den Süden gewiss eine größere Rolle. Hingegen wurden die Kupferlagerstätten in der Toskana damals noch nicht ausgebeutet.

Das Rohkupfer aus dem Vorkommen am Südalpenrand wurde in Gestalt brotlaibförmiger Gusskuchen verhandelt. Solche Gusskuchen alpinen Typs sind bis nach Süditalien gelangt. Der Handel dorthin erfolgte wahrscheinlich über die Adria mit Schiffen, zu näheren Absatzmärkten wohl eher auf dem Landweg.

Kupfererze sind noch während der Eisenzeit im Alpenraum abgebaut worden, wenngleich in weit geringerem Ausmaß als während der Bronzezeit. Ein großes Gräberfeld am Ostfuß des Mitterberges bei Bischofshofen (Salzburg) gibt hierzu Aufschluss. Die Bestattungen in der Flur »Pestfriedhof« stammen zu einem kleinen Teil noch aus der späten Bronzezeit, überwiegend allerdings aus der frühen Eisenzeit, also vom 8. bis 6. Jh. v. Chr. Die Grabausstattung lässt einen gewissen Wohlstand, jedoch in keinem einzigen Fall Reichtum erkennen. Verschiedene Indizien wie z. B. die Mitgabe von Getreideähren in den Gräbern bezeugen eine überwiegend bäuerliche Gemeinschaft. Andererseits finden sich Anhaltspunkte dafür, dass Kupfer- und Eisenerze quasi im Nebenerwerb am Mitterberg abgebaut und das Rohmetall dann in den Handel gebracht wurde. Unter anderem lag im Gräberfeld ein eiserner Bergmannspickel aus dem 6. Jh. Besonders interessant ist dabei, dass der Handel mit den erschmolzenen Metallen weit entfernte Gebiete erreicht hat. Die in den Frauengräbern auffallend häufig vorkommenden zweischleifigen Bogenfibeln aus Bronze sind entweder Nachahmungen oder Importe des in der südostalpinen Hallstattkultur des heutigen Sloweniens so typischen weiblichen Schmucks. Dies deutet auf Handelsbeziehungen hin, deren Grundlage Kupfer war.

Handelskontakte führten nachweislich auch in den Nordalpenraum. In vielen Gräbern von Bischofshofen wurde den Toten ein rot und schwarz bemaltes feinkeramisches Ess- und Trinkgeschirr mit ins Jenseits gegeben, das sich ganz deutlich von gröber hergestellter Beigabenkeramik unterscheidet. Analysen des Tones haben gezeigt, dass die feine Tonware fast vollständig aus dem Norden importiert worden ist.

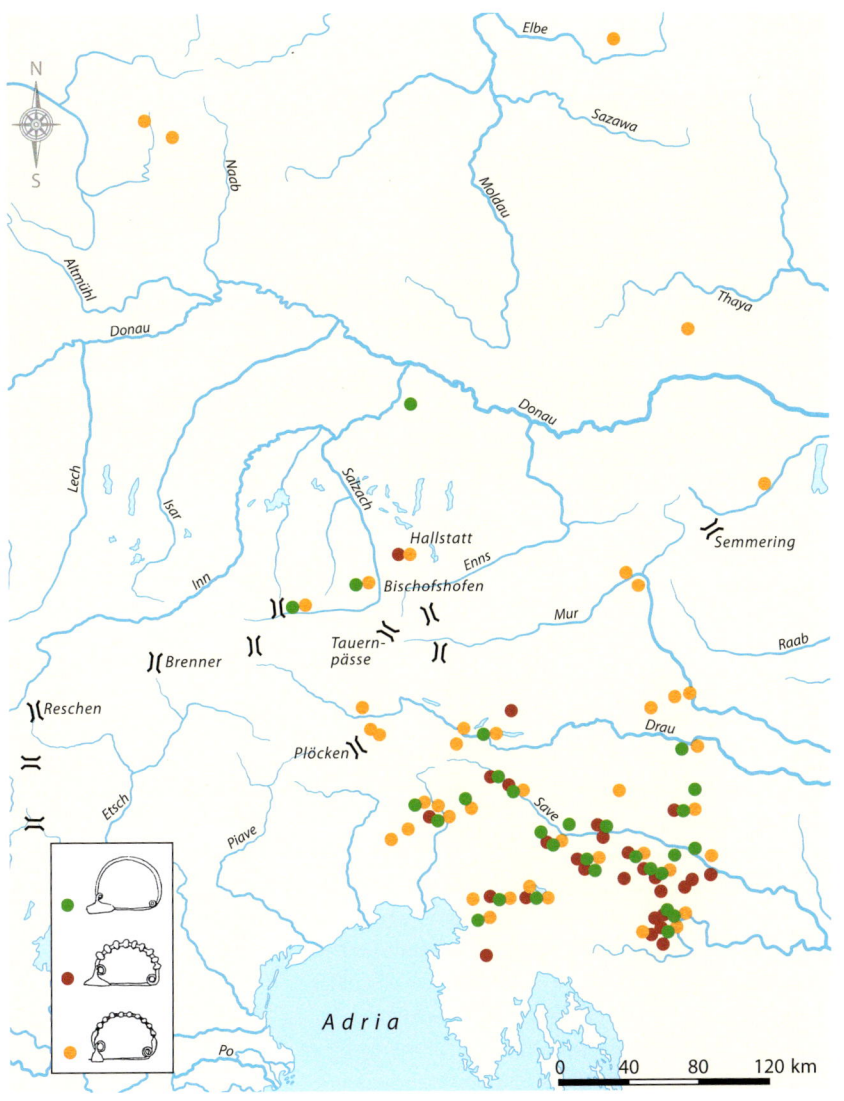

Feines Tongeschirr mit schwarzer und roter Bemalung aus einem Grab in Bischofshofen-Pestfriedhof. Frühes 7. Jh. v. Chr.

Die im Ton enthaltenen marinen Mikrofossilien von Kieselschwämmen und Foraminiferen, also Einzellern mit Kalkgehäusen, weisen klar auf Tonlagerstätten am nördlichen Alpenvorland hin, also im Salzburger Flachgau und in Bayern. Dies bedeutet, dass man im Austausch gegen Kupfer und Eisen vom Revier Mitterberg unter anderem auch schön bemaltes Tongeschirr aus dem Voralpengebiet erworben hat.

Transalpiner Handel in der Eisenzeit

An den Salzabbauorten Hallstatt und Dürrnberg bildeten offenkundig Eliten eine herrschende Schicht, die die Salzgewinnung und den Handel mit Salz nicht selbst betrieben, sondern kontrollierten. In Hallstatt wurde Salz bereits in der Bronzezeit abgebaut, am Dürrnberg erst seit dem 6. Jh. v. Chr. Aber zumindest in der Eisenzeit waren Hallstatt und Dürrnberg auch überregionale Handelsplätze und Absatzmärkte, wo nicht nur die eigenen Produkte Salz und Pökelfleisch, sondern auch auswärtige Güter wie Bernstein und Gold von der Ostsee und Böhmen, Elfenbein, Korallen, feine Stoffe und bronzenes Tafelgeschirr aus dem mediterranen Süden im Tauschhandel angeboten wurden. Vielfältige Beigaben in den reich ausgestatteten Gräbern deuten auf diese Rolle als Umschlagplätze hin. Die Handelstransporte mit Salz und Pökelfleisch wurden aber wohl dennoch von den Bergherren selbst organisiert.

Von Hallstatt verliefen auffächernde Handelswege über das Enns-, Mur- und Drautal in das Gebiet südlich der Alpen. Nach Norden zur Donau wählte man wohl im Allgemeinen den Weg entlang der westlichen

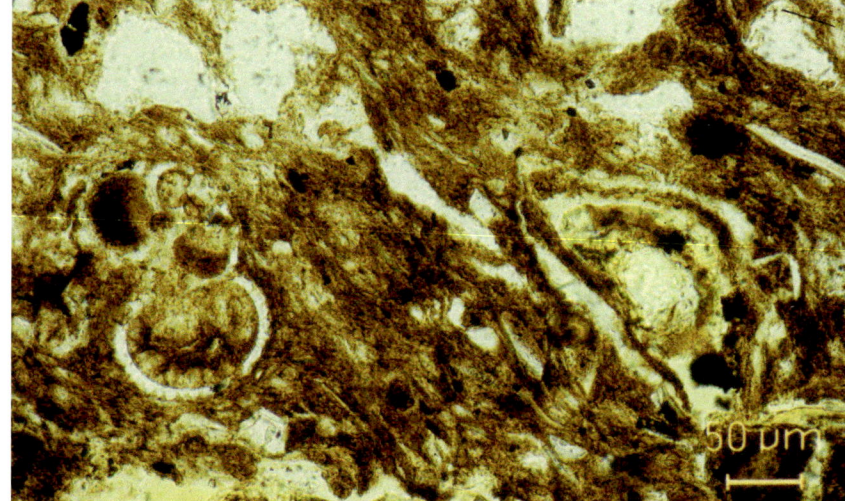

Feinschliff am Scherben eines bemalten Tongefäßes aus einem Grab in Bischofshofen-Pestfriedhof. Deutlich sind unter dem Mikroskop rundliche Hohlformporen von fossilen Foraminiferen sowie Spongiennadeln von Kieselschwämmen zu erkennen, die nur in voralpinen Tonlagerstätten auftreten.

Salzkammergutseen zum Mattigtal, von dort entlang des Inns bis zur Mündung in die Donau bei Passau. Über den Goldenen Steig durch den Bayerischen und den Böhmerwald gelangte man nach Südböhmen, wo aus den Nebenflüssen der Moldau Gold gewaschen wurde, das in den Handel, vor allem zurück in den Süden, gebracht wurde. Ein anderer Weg zog entlang der Voralpen und der Traun zur Donau bei Linz, wo Güter die Donau abwärts transportiert wurden. Von hier führte aber auch ein sehr wichtiger Handelsstrang über die Donau, durch das Gusental und über den Kerschbaumer Sattel ins Moldautal, wo er mit dem Goldenen Steig zusammentraf. Von Südböhmen ging es dann weiter nach Norden ins Küstengebiet der Ostsee, das ein Hauptlieferant von Bernstein war.

Verglichen mit Hallstatt besaß der Dürrnberg eine deutlich bessere Verkehrslage. Eine Handelsroute führte etwas die Salzach aufwärts über den Pass Lueg und dann über einige höhere Pässe in das Südalpengebiet. In den Donauraum gelangte man das Salzachtal abwärts und entlang des Inns bis zu seiner Mündung in die Donau bei Passau, wo auch der Goldene Steig in Richtung Böhmen seinen Anfang nahm. Die Absatzgebiete für Salz und sicher auch Pökelfleisch aus Hallstatt und vom Dürrnberg lagen südlich der Alpen im heutigen Slowenien sowie in Ober- und Mittelitalien. Abnehmer im Norden war die gesamte Zone zwischen Rhein und Moldau.

Es fällt auf, dass an den Knotenpunkten der Handelswege bedeutende Umschlagplätze existierten, die vom Fernhandel profitierten. An den nördlichen Handelsrouten finden sich in gewissen Abständen und hauptsächlich dort, wo Wege zusammenliefen, größere Siedlungen sowie überreich mit Beigaben ausgestattete Flach- und Hügelgräber. Darunter gibt es auch Bestattungen, denen ein ganzer Prunkwagen oder Teile davon beigegeben waren. Derartige Hügelgräber konzentrieren sich besonders im Mattigtal. Offensichtlich gehörten die hier begrabenen Persönlichkeiten einer Führungsschicht an, die den Handel steuerte und dabei Zölle einhob. Dies ging natürlich mit dem Erwerb von importierten Luxuswaren einher, insbesondere Schmuck und Bronzegeschirr.

Auf den südlichen Strecken innerhalb der Ostalpen sind ebenfalls mehrere früheisenzeitliche Zentralorte mit einer mächtigen, reichen Oberschicht bekannt. Ein inzwischen gut erforschter wichtiger Umschlagplatz für den Handel ist Strettweg bei Judenburg im obersteirischen Murtal, wo mehrere Passwege aus allen Himmelsrichtungen zusammentreffen. Hinzu kommt die besondere Lage in einem landwirtschaftlich sehr ertragreichen Gebiet: Das Aichfeld nördlich der Mur und das Murfeld südlich der Mur bilden hier eine der größten inneralpinen Ebenen. Am Westrand des Aichfelds liegt eine niedrige

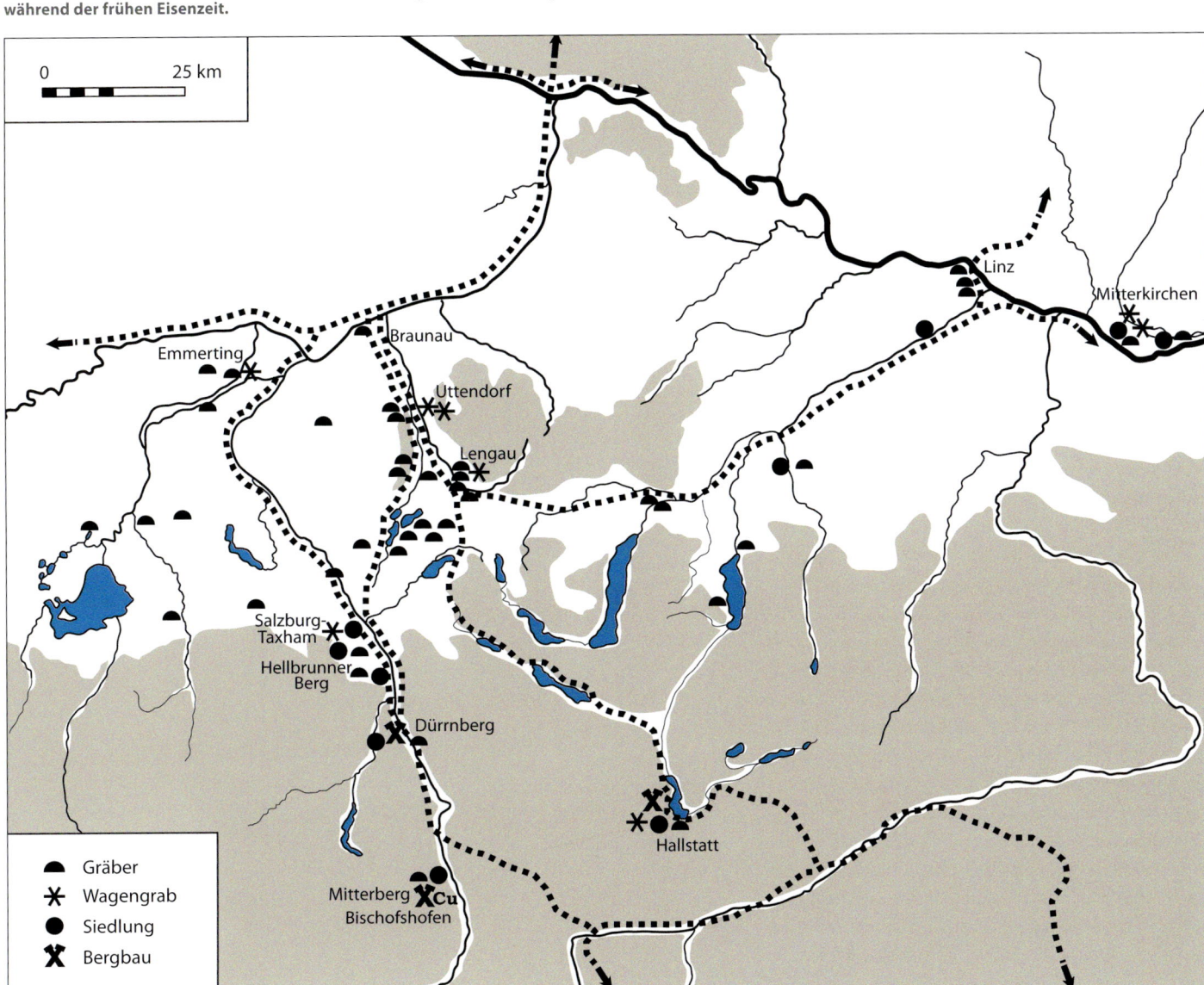

Fundgebiete von Kupfer- und Salzbergbau, wichtige Siedlungen und Handelswege sowie Elitegräber mit Wagenbeigabe in Südostbayern, Salzburg und Oberösterreich während der frühen Eisenzeit.

Hügelkette, der Falkenberg. Auf seiner höchsten Erhebung wurde erst in den letzten Jahren eine ausgedehnte Höhensiedlung auf künstlich geschaffenen Bergterrassen entdeckt und untersucht. Ihre Blütezeit erlebte sie im 7. und 6. Jh. v. Chr. Am Fuße des Falkenberges, bei Strettweg, wurde schon Mitte des 19. Jh. ein großes Hügelgrab beim Pflügen zerstört. Die um 600 v. Chr. datierenden Beigaben konnten aber glücklicherweise zum Großteil geborgen werden. Neben dem berühmten bronzenen Kultwagen zählen dazu viele Waffen, Schmuck, eine Schirrung für zwei Pferde und Teile eines vierrädrigen Wagens, ein vielteiliges Ess- und Trinkgeschirr aus Bronze, Tongefäße, Kochgeräte sowie kunstvoll gegossene bzw. geschmiedete Bratspieße. Unter den Beigaben finden sich mehrere griechische und etruskische Importstücke. Eine Analyse der Grabausstattung hat gezeigt, dass dem männlichen Verstorbenen eine Frau in den Tod gefolgt war. Angesichts des Grabaufwandes und der reichen Beigaben kann man von einer wahrhaft fürstlichen Bestattung sprechen, hinter der wohl ein regionaler Herrscher mit Kontrollmacht über den Handel zu erkennen ist.

Unweit dieses Prunkgrabes wurde erst 2011 eine aus Stein und Holz gebaute große Grabkammer mit drei Bestattungen – einem erwachsenen Mann, wohl dem Fürst, einem Jüngling, möglicherweise einem Knappen, und einer Frau – entdeckt. Den beiden Männern waren mehrere Waffen, darunter ein Bronzehelm und ein tradiertes, damals schon uraltes Bronzeschwert, das rund 300 Jahre älter als die Bestattung ist, beigegeben. Außerdem fanden sich in dem Fürstengrab reichlich Textilien und Tongeschirr.

Welche Waren brachten die südlichen Handelspartner als Gegengeschäfte damals in den Handel? Viele Jahrhunderte später führt der griechische Geograf Strabon zahlreiche Artikel an, die möglicherweise auch davor Handelsgut gewesen sind: Gewürze, Duftstoffe, Glas, Elfenbein und daraus hergestellte Schmuckobjekte, rote Korallen, Toilettegerät, Stoffe aus seidenartigen Hanfbastfasern mit Stickereien und vor allem Tafelgeschirr aus Bronze und Ton. Tatsächlich sind von den festen Materialien entsprechende Beigaben in den Elitegräbern nicht nur nördlich der Alpen, sondern auch im Alpenraum, den Händler und Säumer durchquerten, entdeckt worden. In den Westalpen kann beispielsweise der Fundort Castaneda an der Passroute nördlich des San Bernardino genannt werden, wo sich eine wichtige Handelsstation mit einer örtlichen Führungsschicht befunden haben muss. Dieser gehörte wohl auch der in einem Grab von Castaneda bestattete Mann an, dem eine kostbare etruskische Schnabelkanne beigegeben worden war. Auf der Mündung trug die Kanne eine in südalpinem Alphabet eingeritzte Inschrift. Das Grab datiert in die Zeit um 400 v. Chr. Im zugehörigen Gräberfeld gibt es zugleich weitere Bestattungen mit reichem Importgut, darunter Halsschmuck mit Perlen aus Ostsee-Bernstein.

Schon um 600 v. Chr. gründeten griechische Phokäer die Handelskolonie Massilia, das heutige Marseille an der Küste des Löwengolfes in Südfrankreich. Etwas östlich davon, an der Côte d'Azur, entstanden

Etruskische Schnabelkanne als Grabbeigabe eines lokalen Potentaten in Castaneda an der San Bernardino-Passroute (Graubünden). Um 400 v. Chr.

Bronzegriffe von eisernen Bratspießen aus dem 1851 entdeckten »Fürstengrab« von Strettweg bei Judenburg (Steiermark). Um 600 v. Chr.

erinnert die Größe der Vorratsgefäße an jene der mediterranen Welt, die Pithoi. Außerdem wurden in Le Pègue griechische Keramik und Bruchstücke griechischer Amphoren für Wein und Olivenöl geborgen.

Seit dem 5. Jh. v. Chr. lässt sich eine deutliche Intensivierung des Fernhandels feststellen. Wein wurde zu einem besonders wichtigen Handelsgut. In vielen Gräbern dieser Zeit fand sich Trinkgeschirr, das für den Genuss von Wein bestimmt war. So z. B. im reich mit Beigaben ausgestatteten, um 400 v. Chr. angelegten Streitwagengrab am Dürrnberg-Moserstein bei Hallein (Salzburg), das auch eine rund 18 l fassende bronzene Feldflasche enthielt (Abb. S. 74). Analysen an Rückständen im Innern des Behälters ergaben, dass es geharzten Wein enthalten hatte. Im Alpengebiet musste Wein in Fässern oder wahrscheinlich meist in Schläuchen transportiert werden. Für den Landweg war dies auch im mediterranen Raum so üblich, allerdings erfolgte der Weintransport am Rand der Westalpen oft auch auf dem Wasserweg. Hierzu wurden die Amphoren platzsparend in Schiffen gestapelt und die Rhône aufwärts gefahren. Zunächst erreichten die Weinlieferungen die flachen Gebiete in Nordostfrankreich und Süddeutschland. Im 2. Jh. v. Chr. finden sich Amphoren nicht nur am Genfersee, sondern auch im oberen Rhônetal im Wallis und sogar am Zürcher- und Walensee. Offenbar gelang es, zumindest überall dort Wein in Amphoren zu transportieren, wo befahrbare Gewässer existierten. Seit dem 2. Jh. v. Chr. wurde Wein aus Italien in das Schweizer Tessin gebracht. Dies belegen Amphoren

Tochterkolonien wie Nikaia (Nizza) und Antipolis (Antibes), die ebenfalls nach strategischen und verkehrstechnischen Gesichtspunkten angelegt worden waren. Von Massilia und den anderen griechischen Handelsorten baute man in der Folge intensive Handelsverbindungen nach Norden auf. Der Handel verlief über Rhône und Saône nach Burgund und darüber hinaus auch entlang des Doubs-Tals zum Rhein nach Süddeutschland.

Beispiel für einen Handelsstützpunkt dieser Route von Massilia nach Norden ist eine Höhensiedlung bei Le Pègue am Ostrand des Rhônetals und am Westfuß der Alpen. Sie lag rund 135 km nördlich von Massilia. Nach bescheidenen Anfängen im 7. Jh. v. Chr. erlebte sie in der zweiten Hälfte des 6. Jh. einen enormen Aufschwung, der sich aus intensiven Handelskontakten mit den griechischen Kolonien an der Mittelmeerküste ergab. Ausgrabungen legten einen großen Blockbau mit Vorraum frei, wo Getreide in riesigen Tongefäßen gelagert war. Das allem Anschein nach in der Gegend angebaute und geerntete Getreide war wohl für die griechischen Kolonien bestimmt. Übrigens

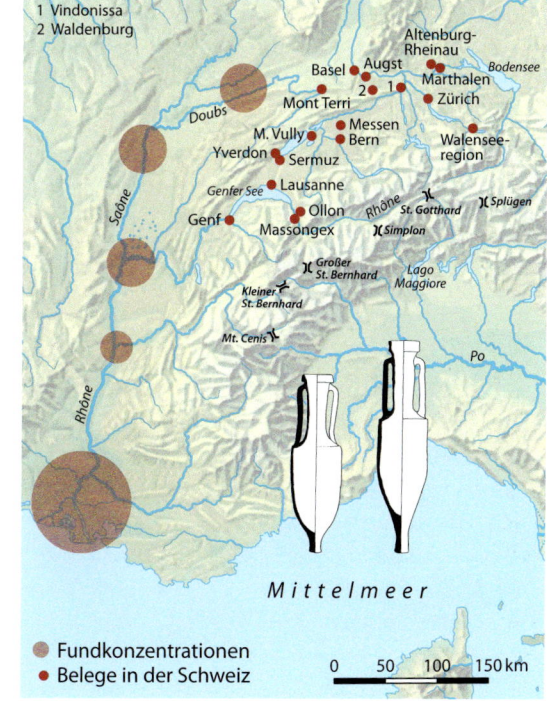

Hauptfundgebiete von Weinamphoren an Rhône, Saône und Doubs sowie Fundorte von Amphoren in der Schweiz aus dem 2. und 1. Jh. v. Chr.

und dünnwandige Trinkgefäße aus schwarz überzogenem Ton, so genannte Campana. Überdies wurde auch Bronzegeschirr aus Italien eingehandelt. Und im 1. Jh. treten am Alpenrand Amphoren auf, die für den Handel mit spanischem Olivenöl bestimmt waren.

Die Waren aus den griechischen Kolonien, seit dem 2. Jh. v. Chr. auch aus Italien, wurden gewiss im Etappenhandel befördert. Dabei wurden die Güter zu »ports of trade«, also bedeutenden Marktplätzen, transportiert, wo sie für einen größeren Abnehmerraum feilgeboten wurden. Von hier erreichten die Waren über andere Händler weitere Märkte. Auf Märkten gab es zugleich Werkstätten, die ihre Erzeugnisse an die Händler verkauften, aber z. B. auch Fahrzeuge und Pferdegeschirr reparieren konnten.

Frühe Geldwirtschaft

Es wurde bereits darauf hingewiesen, dass genormte Werte schon im späten Neolithikum existierten. Dazu zählten schwere Hammeräxte und große Beile aus Kupfer, deren Oberfläche nicht überarbeitet wurde. Solche Funde treten am Balkan und im Karpatenbecken bis an den Ostrand der Alpen auf.

In der Bronzezeit stellten dann zuerst Ring- und Spangenbarren aus Kupfer, später auch Sicheln und Beile aus Bronze die Handelsform von Metall dar. Sie besaßen nach Gewicht und Größe fixierte Tauschwerte. Während der Eisenzeit wurden dann pyramiden- oder schwertförmige Eisenbarren als Roheisen, aber ebenso als eine Art Währungseinheit in weiten Teilen Europas verwendet.

Erst in den letzten Jahrhunderten vor Christi Geburt zirkulierten Münzen in Mitteleuropa. Damit konnte ein nach Material, Form und Gewicht genau bemessener Wert festgelegt werden. In Griechenland gab es die ersten Münzen um 600 v. Chr. Etwa 100 Jahre später prägten die griechischen Kolonien an der nordostspanischen und südfranzösischen Küste bereits eigene Münzen. Wieder etwas später kursierten im Hinterland auch lokale keltische Prägungen nach Vorbild der griechischen Pflanzstädte. Aber erst im 3. Jh. gingen die Kelten in Süddeutschland und im Alpenraum zu eigenen Prägungen über, wobei Münzen aus dem griechischen Mutterland als Prototypen dienten. Bei ihren Wanderungen bis nach Griechenland im frühen 3. Jh. hatten keltische Stämme auch das Münzgeld kennengelernt. Keltische Krieger, die bei griechischen Herrschern in Sold standen, brachten Münzen nach Mitteleuropa, die dann als Vorbilder für die eigenständige Münzprägung verwendet wurden. So etwa die Goldstater von Philipp II von Makedonien und seinem Sohn Alexander. Ein

Aes grave – gegossene Bronzemünzen aus einem Depot am Doss Trento (Trentino). Prägungen aus Latium, Umbrien und südlicher Toskana mit Darstellungen von Göttern (Merkur, Apoll, Janus), Tieren (Pferd, Wildschwein, Delfin) sowie Hand, Eichel und Schiffsbug. Die Münzen stammen wohl aus einem keltischen Beutezug in etruskischem Gebiet.

Rekonstruktion des Prägevorgangs bei keltischen Münzen.

Es ist schwierig, die keltischen Münzprägeorte nachzuweisen. Am ehesten helfen Funde von Tüpfelplatten, einzelne Prägezentren zu lokalisieren. Dabei handelt es sich um Tontafeln mit Vertiefungen in Reihen, in die flüssiges Münzmetall gegossen wurde. Solche Tüpfelplatten wurden bisher in größeren stadtartigen Siedlungen wie etwa im befestigten Oppidum Manching bei Ingolstadt entdeckt. In solchen Großsiedlungen waren auch meist die politischen und wirtschaftlichen Kräfte konzentriert.

Nach dem Guss feilte man die Münzplättchen (Schrötlinge) eventuell zurecht, um das genormte Gewicht und die erforderliche Größe zu erreichen. Anschließend wurden sie auf beiden Seiten geprägt. Dazu legte man sie auf eine Metallunterlage, auf der das Negativ der Münzrückseite eingelassen war. Darüber hielt man einen stabartigen Oberstempel, der am unteren Ende das Negativ der Münzvorderseite aufwies. Mit einem Schlaghammer prägte man schließlich das Metallstück zur Münze.

Im Alpenraum waren vor allem die Kleinsilbermünzen seit Mitte des 2. Jh. v. Chr. im Umlauf. Sie bildeten mit einem Gewicht von kaum 1 g eine Art Kleingeld. Der weit gereiste römische Offizier und Schriftsteller Arrianus berichtet, dass keltische Jäger für den Verkauf eines Hasen zwei derartige Oboli erhielten.

Unter den Oboli lassen sich mehrere Typen und Varianten unterscheiden, die meist auch den größeren keltischen Stämmen zugeordnet werden können, so z. B. der Typ Büschelmünze, auf deren Unterseite ein Kopf mit betonter Haartracht (einem Haarbüschel) in Seitenansicht und auf deren Rückseite ein Pferd mit verschiedenen Beizeichen abgebildet ist. Eine lange Entwicklung durchlief auch die Kreuzmünze. Vorbild war in diesem Fall die Drachme von Rhoda, einer griechischen Kolonie an der Nordostküste Spaniens. Wappenbild von Rhoda war die Rose, die auf der Münze dargestellt wurde. Im keltischen Bereich erfuhr sie allmählich eine Umwandlung zu einer Art Kreuz. In den Zwickeln wurden Punkte und andere Beizeichen eingefügt. Zuerst griffen die keltischen Tectosagen in Südfrankreich das Motiv auf, später keltische Stämme in Süddeutschland und sogar im Ostalpenraum. So sind auf der Rückseite der Kleinsilbermünzen von Vindelikern, Norikern und Tauriskern oft unterschiedlich geformte Kreuze wiedergegeben. Auf der Vorderseite finden sich Seitenporträts regionaler Herrscher oder Reiterdarstellungen, die mehr oder minder abstrahiert sind.

Eine umfassende Geldwirtschaft darf man sich kaum in keltischen Gebieten und schon gar nicht innerhalb der Alpen vorstellen. Der Münzverkehr spielte sicherlich nur in größeren Siedlungen, also den

keltischer Stater wog etwa 8 g, hatte aber meist starke Silberanteile. Die makedonisch-griechischen Münzbilder mit Königsporträts und Reiterdarstellungen wurden im keltischen Milieu stark schematisiert oder abstrakt abgewandelt.

Bei den Münzbildern hatten gewiss auch römische und etruskische Münzen Vorbildwirkung. Schon um 400 v. Chr. ließen sich keltische Stämme in Oberitalien nieder und pflegten enge Handelskontakte mit ihren Nachbarn. Seit dem 3. Jh. begann dann Rom mit der Eroberung keltischer Gebiete zwischen Apennin und Alpen. Aber erst 101 v. Chr. ging Mediolanum, das heutige Mailand, als Hauptsitz der keltischen Insubrer verloren. Schließlich fiel das keltisch besiedelte Gebiet der Gallia cisalpina am Südalpenrand in römische Hände. Hier zeigen sich also lang andauernde, friedliche und kriegerische Kontakte der Kelten mit Etruskern und Römern.

Den keltischen Goldprägungen folgten im 2. Jh. Silbermünzen. Vorbild hierfür war die Drachme der griechischen Kolonien Massilia und Rhoda an der nordwestlichen Mittelmeerküste. Eine Drachme besaß das Gewicht von ca. 4 g, was auch dem römischen Denar entsprach. Etwa gleichzeitig kamen – offenbar unter römischem Einfluss – die aus Bronze gegossenen Potinmünzen mit starkem Zinnanteil auf. Ihr Gewicht schwankte zwischen 3 und 8 g. Im 1. Jh. wurden dann in der Celtica auch Münzen aus Bronze geprägt.

106 | Handel

Mallnitzer Tauern – Münzopferplatz am Südsattel (2440 m SH, Kärnten).
1–2 Boische Hexadrachme aus Silber mit Königsbildnissen auf Vorder- und Rückseite mit Inschriften »Gesatorix Re(x)« und »Ecritusirus Regis«, max. Dm. 2,6 cm.
3–4 Bronzenes As der römischen Republik. Vorderseite: Januskopf, Rückseite: Schiffsbug. Dm. 3,0 cm.
5–6 Taurische Kleinsilbermünze (Obolus). Vorderseite: stark stilisierter Kopf, Rückseite: Pferd. Dm. 1,1 cm.
7–8 Vindelikische Kleinsilbermünze. Vorderseite: Kopf, Rückseite: Pferd. Dm. 0,8 cm.
9–10 Norische Kleinsilbermünze. Vorderseite: stark stilisierter Kopf, Rückseite: Kreuz aus drei Linien. 2./1 Jh. v.Chr. Dm. 1,0 cm.

Marktzentren, eine Rolle. Während Münzen in mediterranen Zivilisationen zum alltäglichen Zahlungsmittel gehörten, waren die aus Edelmetall hergestellten Münzen für die meisten Kelten noch zu kostbar.

Erst seit dem 2. Jh. v.Chr., als bei den Kelten Kleinsilbermünzen aufkamen, erhielt das Münzgeld gegenüber dem Tausch von Naturalien eine größere Bedeutung im Zahlungsverkehr. Vielleicht trugen auch die zunehmend häufigeren Sold- und Tributzahlungen aus griechischen und römischen Silbermünzen an keltische Krieger und Stämme dazu bei, Edelmetall zu sammeln, einzuschmelzen und daraus eigene Silbermünzen zu prägen.

Fazit

Der Überblick zur alpinen Wirtschaft in der Urzeit mag vielleicht gezeigt haben, dass sich der Mensch zu keiner Zeit davor gescheut hat, die Alpen aufzusuchen oder auch zu besiedeln. Natürlich konnte er in Perioden der Vergletscherung, also während der Kältespitzen der letzten Eiszeit, nicht in die Alpen vordringen. Wie aber beispielsweise ein Jägerlager im Alpenrheintal bei Chur in Graubünden aus dem 11. Jt. v. Chr. beweist, zogen paläolithische Wildbeuter noch vor Ende der Eiszeit wieder ins Gebirge.

Auch landwirtschaftliche Lebensformen begannen sich bereits erstaunlich früh in einigen Alpentälern auszubreiten. So etwa im klimabegünstigten Wallis, wo Bauern um die Mitte des 6. Jt. v. Chr. von Süden her über das Hochgebirge in das obere Rhônetal zogen. Dabei lässt die Viehhaltung meist eine geschickte Anpassung erkennen: Schafe und Ziegen wurden vorwiegend im Innern der Alpen, Rinder hingegen hauptsächlich auf den großen Weiden an den Ufern der Alpenrandseen gehalten. Eine erste Almwirtschaft setzte zudem schon im 5. Jt. ein.

Bereits im Neolithikum wurden erstmals Kupfererze abgebaut, in der Bronzezeit dann das für die Nahrungskonservierung so wichtige Salz. Jüngste Forschungen in Hallstatt bezeugen die Gewinnung und Verarbeitung von Salz auf sehr hohem technischem und organisatorischem Niveau. Dazu kommt der in der Bronzezeit voll ausgeprägte Fernhandel mit Rohstoffen und Fertigprodukten über hohe und gefährliche Alpenpässe. Spätestens seit dem 2. Jt. muss man sich also komplexe Organisationsstrukturen auch für Transport und Handel vorstellen.

Nach der Aufzählung dieser Beispiele kommt die Frage auf, was eigentlich die Motive und Antriebe für den Menschen waren, den Alpenraum so früh zu »erobern« und in optimaler Weise zu nutzen. Darauf kann es freilich keine einfache Antwort geben. Sicher spielten mehrere Faktoren eine entscheidende Rolle: der wirtschaftliche Bedarf, die Neugierde und nicht zuletzt der vielen Menschen eigentümliche feste Wille, auch schwierigen Herausforderungen zu begegnen.

Literatur

L. Aiello/P. Bennike (Hrsg.): 4 Millionen Jahre Mensch. Der Katalog zur interaktiven Ausstellung in der Orangerie/Schönbrunn, Wien. 30. Mai – 27. September 1998. Wien 1998.

G. Alciati et al.: Mondeval de Sora: a high altitude mesolithic campsite in the Italian Dolomites. Preistoria Alpina 28, 1992, 351–366.

E. Alvarez Fernández: Columbella rustica während des Mesolithikums und zu Beginn des Neolithikums in Europa. Archäologisches Korrespondenzblatt 33, 2003, 157–166.

E. Bächler: Das alpine Paläolithikum der Schweiz in Wildkirchli, Drachenloch und Wildenmannsloch. Basel 1940.

B. Bagolini/A. Pedrotti: Vorgeschichtliche Höhenfunde in Trentino-Südtirol und im Dolomitenraum vom Spätpaläolithikum bis zu den Anfängen der Metallurgie. In: F. Höpfel/W. Platzer/K. Spindler (Hrsg.): Der Mann im Eis 1, Innsbruck 1992, 359–377.

B. Bagolini et al.: Der Mann im Eis: Die Fundbergung 1992 am Tisenjoch, Gem. Schnals, Südtirol. In: K. Spindler et al. (Hrsg.): Der Mann im Eis 2. Neue Funde und Ergebnisse. Wien–New York 1995, 3–52.

W. Bätzing: Kleines Alpenlexikon. Umwelt – Wirtschaft – Kultur. München 1997 (Beck'sche Reihe 1205).

Die ersten Bauern. Pfahlbaudorffunde Europas. Schweizerisches Landesmuseum (Hrsg.). Zürich 1990.

A. Binsteiner: Drehscheibe Linz – Steinzeithandel an der Donau. Linzer Archäologische Forschungen 37, 2006, 33–107.

S. Bortenschlager: The iceman's environment. In: S. Bortenschlager/K. Oeggl (Hrsg.): The Iceman and his natural environment. Palaeobotanical results. In: H. Moser et al.: The man in the ice 4, 2000, 11–24.

B. Bramanti: Genetic discontinuity between local hunter-gatherers and Central Europe's first farmers. Science 326, 2. October 2009, 137–140.

M. Brandl: Repolust cave revisited: Provenance studies of the chert finds. Quartär 58, 2011, 51–65.

P. Curdy/L. Chaix: Les premiers pasteurs du Valais. Le Globe 149, 2009, 93–116.

P. Della Casa: Transalpine pass routes in the Swiss Central Alps and the strategic use of topographic resources. Preistoria Alpina 42, 2007, 109–118.

U. Eberli: Urgeschichtliche Fischerei am Zugersee. Tugium 26, 2010, 83–89.

C. Eibner: Mitterberg-Grabung 1971. Der Anschnitt 24/2 (Bochum) 1972, 3–18.

C. Eibner: Kupfererzbergbau in Österreichs Alpen. In: B. Hänsel (Hrsg.): Südosteuropa zwischen 1600 und 1000 v. Chr. Prähistorische Archäologie in Südosteuropa 1, Berlin 1982, 399–407.

B. Gehlen: Late mesolithic-proto-neolithic-initial neolithic? Cultural and economic complexity in SW Central Europe between 7000 and 5300 cal BC. In: C. J. Kind (Hrsg.): Nach der Eiszeit. Internationale Konferenz in Rottenburg 2003. Materialhefte zur Archäologie in Baden-Württemberg 78, Stuttgart 2006.

K. Grömer: Prähistorische Textilkunst in Mitteleuropa. Geschichte des Handwerkes und Kleidung vor den Römern. Wien 2011.

A. Hafner: Archäologie aus dem Eis. Der prähistorische Passübergang vom Schnidejoch (Berner Alpen) und andere archäologische Funde aus Gletschern und ice patches. Ungedruckte Habilitationsschrift zur Einreichung bei der Philosophischen Fakultät der Universität Zürich. 2011/2012.

J. Horvat: The archaeology of Velika plenina. In: F. Mandl/H. Stadler (Hrsg.): Arachäologie in den Alpen. Alltag und Kult. ANISA/NEARCHOS. Haus i.E. 2010, 89–100.

M. R. Jarmann: The fauna and economy of Fiavé. Preistoria Alpina 11, 1974, 65–73.

R. Jung/M. Mehofer/E. Pernicka: Metal exchange in Italy from Middle to Final Bronze age (14th–11th century B.C.E.). In: P. P. Betancourt/S. C. Ferrence (Hrsg.): Metallurgy: understanding how, learning why. Studies in honor of J. D. Muhly. Prehistoric Monographs 29, Philadelphia 2011, 231–248.

K. Kaus: Lagerstätten und Produktionszentren des Ferrum Noricum. Leobner Grüne Hefte N.F. 2, 1981, 74–92.

A. Kern et al.: Salz-Reich. 7000 Jahre Hallstatt. Wien 2008.

R. Krause: The prehistoric settlement of the inneralpine valley of Montafon in Vorarlberg (Austria). Preistoria Alpina 42, 2007, 119–136.

K. Kromer: Von frühem Eisen und reichen Salzherren. Wien 1964.

G. Kyrle: Urgeschichte des Kronlandes Salzburg. Wien 1918.

W. Leitner: Der »Hohle Stein«, eine steinzeitliche Jägerstation im hinteren Ötztal, Tirol (Archäologische Sondagen 1991/92). In: K. Spindler/E. Rastbichler-Zissernig (Hrsg.): Der Mann im Eis 2, Innsbruck 1995, 209–216.

A. Lippert (Hrsg.): Reclams Archäologieführer Österreich und Südtirol. Denkmäler und Museen der Urgeschichte, der Römerzeit und des frühen Mittelalters. Stuttgart 1985.

A. Lippert: Der Götschenberg bei Bischofshofen. Eine ur- und frühgeschichtliche Höhensiedlung im Salzachpongau. Mitteilungen der Prähistorischen Kommission der Österreichischen Akademie der Wissenschaften 27, Wien 1992.

A. Lippert/G. Dembski: Keltische und römische Passopfer am Mallnitzer Tauern. Archäologisches Korrespondenzblatt 30, 2000, 252–268.

A. Lippert: Zur vorrömischen Binnenschifffahrt im Ostalpengebiet. In: H. Heftner/K. Tomaschitz (Hrsg.): Festschrift für G. Dobesch. Ad Fontes! Wien 2004, 653–662.

A. Lippert: Zur frühesten Gewinnung und Verarbeitung von Kupfer in den Ostalpen. Res montanarum 38, Leoben 2006, 17–21.

A. Lippert: Hallstatt und Bischofshofen – zwei frühe Bergwerksnekropolen. Mitteilungen der Anthropologischen Gesellschaft in Wien 139, 2009, 145–148.

A. Lippert: Die zweischaligen ostalpinen Kammhelme und verwandte Helmformen der späten Bronze- und frühen Eisenzeit. Archäologie in Salzburg 6, 2011.

A. Lippert et al.: Vom Leben und Sterben des Ötztaler Gletschermannes. Neue medizinische und archäologische Erkenntnisse. Germania 85, 2007, 1, 1–21.

A. Lippert/P. Stadler: Das spätbronzezeitliche und früheisenzeitliche Gräberfeld von Bischofshofen-Pestfriedhof. Universitätsforschungen zur Prähistorischen Archäologie 168, Bonn 2009.

H. de Lumley: Sites paléolitiques de la région de Nice et Grottes de Grimaldi. Nice 1976.

H. de Lumley: La grotte Vallonet, Roquebrune-Cap Martin, Alpes Maritimes. Situation géographique, description, historique. Anthropologie 92 (Paris), 1988, 387–397.

H. de Lumley: La grotte du Lazaret. Un campement de chasseurs, il y a 160 000 ans. Aix-en-Provence 2005.

J. Lüning et al.: Deutsche Agrargeschichte. Vor- und Frühgeschichte. Stuttgart 1997.

F. Mandl: Eine hochalpine spätbronzezeitliche temporäre Siedlung auf dem östlichen Dachsteinplateau. Mitteilungen der ANISA 7/2, Gröbming 1986.

F. Mandl: Das östliche Dachsteinplateau. 4000 Jahre Geschichte der hochalpinen Weide- und Almwirtschaft. In: G. Cerwinka/F. Mandl (Hrsg.): Dachstein. Vier Jahrtausende Almen im Hochgebirge 1. Mitteilungen der ANISA 17, 1996, 2/3, Haus i. E., 7–165.

F. Mandl: Aus der Frühgeschichte der Almen. Alpenvereins-Jahrbuch 126, 2002,78–89.

O. Menghin: Früh-Aurignacien-Funde aus Tirol. Zur Geschichte und geochronologischen Stellung der Tischoferhöhle. Innsbrucker Beiträge zur Urgeschichte Tirols. Sonderheft 29, Innsbruck 1969,11–38.

D. Modl: KG Pichl. OG Pichl-Kainisch, PB Liezen. In: Fundchronik. Fundberichte aus Österreich 49, 2010, 401–402.

F. Moosleitner/E. Urbanek: Das Werkzeugdepot eines keltischen Grobschmiedes vom Nikolausberg bei Golling, Land Salzburg. Germania 69, 1991, 73–78.

E. Nielsen: Chur, Marsöl. Eine spätpaläolithische Fundstelle im Bündner Rheintal. Jahresbericht 2002 des Archäologischen Dienstes Graubünden. Chur 2003, 48–72.

D. Pany: Von hoffnungslosen Skeletten und löchrigen Schuhen. Mitteilungen der Anthropologischen Gesellschaft in Wien 139, 2009, 133–138.

G. Patzelt: Ötztalstudie – Entwicklung der Landnutzung. In: Alpine Vorzeit in Tirol. Begleitheft zur Ausstellung. Innsbruck 1997, 46–60.

G. Patzelt: Natürliche und anthropogene Umweltveränderungen im Holozän der Alpen. In: Entwicklung der Umwelt seit der letzten Eiszeit. München 2000, 119–128.

L. Pauli: Die Alpen in Frühzeit und Mittelalter. München 1980.

Pfahlbauten. Verein zur Unterstützung der UNESCO-Welterbe-Kandidatur »Prähistorische Pfahlbauten rund um die Alpen«. Archäologischer Dienst des Kantons Bern (Hrsg.), Bern 2009.

R. Pleiner: Die Wege des Eisens nach Europa. In: H. Haeffner (Hrsg.): Frühes Eisen in Europa. Festschrift für W. Ulrich Guyan. Schaffhausen 1981, 115–128.

E. Preuschen/R. Pittioni: Untersuchungen im Bergbaugebiet Kelchalm bei Kitzbühel, Tirol. 3. Bericht über die Arbeiten 1946–1953 zur Urgeschichte des Kupferbergwesens in Tirol. Archaeologia Austriaca 15, 1954, 3–97.

K. Priglmeier: Bronzezeitlicher Transport mit Pferd und Wagen in Mitteleuropa. In: Begleitbuch zur Ausstellung »Mykene – Nürnberg – Stonehenge – Handel und Austausch in der Bronzezeit«. Nürnberg 2000, 67–74.

A. Priuli: Le incisioni rupestri di Monte Bego. Quaderni di cultura alpina. Collana 1984.

E. Pucher: Studien zur Pfahlbauforschung in Österreich. Mitteilungen der Prähistorischen Kommission der Österreichischen Akademie der Wissenschaften 33, 1997.

E. Pucher: Ältereisenzeitliche Tierknochenfunde aus dem Hallstätter Salzberg. Mitteilungen der Anthropologischen Gesellschaft in Wien 139, 2009, 123–132.

J. Rageth: Der Lago di Ledro im Trentino. Berichte der Römisch-Germanischen Kommission des Deutschen Archäologischen Institutes 55, 1974, 73–259.

J. Rageth: Die wichtigsten Resultate der Ausgrabungen in der bronzezeitlichen Siedlung auf dem Padnal bei Savognin (Oberhalbstein GR). Jahrbuch der Schweizerischen Gesellschaft für Ur- und Frühgeschichte 69, 1986, 63–103.

J. Rageth: Die Felszeichnungen von Sils i. Domleschg-Carschenna und Tinizong-Senslas (Graubünden). In: Zemmer-Plank (Hrsg.): Kult der Vorzeit in den Alpen. Opfergaben – Opferplätze – Opferbrauchtum. Bozen 2002, 361–375.

J. Rageth: Der frühbronzezeitliche Pflug von Lavagnone. In: R. Perini (Hrsg.): Scritti di Archeologia II, Trento 2004, 941–956.

J. Reitinger: Das goldene Miniaturschiffchen vom Dürrnberg bei Hallein. Mitteilungen der Gesellschaft für Salzburger Landeskunde 115, 1975, 383–414.

T. Reitmaier (Hrsg.): Letzte Jäger, erste Hirten. Hochalpine Archäologie in der Silvretta. Ausstellungskat. Zürich 2010.

R. Sauer: Mineralogisch-petrographische Untersuchungen an Keramikproben. In: Lippert/Stadler 2009, 385–424.

D. Schäfer: Mittelsteinzeitliche Fundplätze in Tirol. In: K. Oeggl/G. Patzelt/D. Schäfer (Hrsg.): Alpine Vorzeit in Tirol. Begleitheft zur Ausstellung. Innsbruck 1997, 7–23.

J. Schibler et al.: Ökonomie und Ökologie neolithischer und bronzezeitlicher Ufersiedlungen am Zürichsee. Ergebnisse der Ausgrabungen Mozartstraße. Band B: Datenkatalog. Monographien der Kantonsarchäologie Zürich 20, 1997.

H. Schlichtherle: Wagenfunde aus den Seeufersiedlungen im zirkumalpinen Raum. In: M. Fansa/J. Burmeister (Hrsg.): Rad und Wagen. Der Ursprung einer Innovation. Wagen im Vorderen Orient und Europa. Oldenburg 2004, 295–314.

H. Schlichtherle/B. Wahlster: Archäologie in Seen und Mooren. Den Pfahlbauten auf der Spur. Stuttgart 1986.

B. Schmid-Sikimic: Mesocco Coop (GR). Eisenzeitlicher Bestattungsplatz im Brennpunkt zwischen Süd und Nord. Universitätsforschungen zur Prähistorischen Archäologie 88, Bonn 2002.

S. v. Schnurbein (Hrsg.): Atlas der Vorgeschichte. Stuttgart 2010.

S. Shennan: Bronze Age copper producers of the Eastern Alps. Excavations at St.Veit-Klinglberg. Universitätsforschungen zur Prähistorischen Archäologie 27, Bonn 1995.

SPM – Die Schweiz vom Paläolithikum bis zum frühen Mittelalter. Schweizerische Gesellschaft für Ur- und Frühgeschichte (Hrsg.), Bände Paläolithikum bis Eisenzeit I–IV, Zürich 1993–1999.

T. Stöllner: Neue Grabungen in der latènezeitlichen Gewerbesiedlung im Ramsautal am Dürrnberg bei Hallein. Archäologisches Korrespondenzblatt 21, 1991, 255–269.

T. Stöllner: Salz als Fernhandelsgut in Mitteleuropa während der Hallstatt- und Latènezeit. In: A. Lang/V. Salac: Fernkontakte in der Eisenzeit. Konferenz in Liblice 2000. Prag 2002, 47–71.

M. Stotzer/F. H. Schweingruber/M. Sebek: Prähistorisches Holzhandwerk – Mitteilungsblatt der Schweizerischen Gesellschaft für Ur- und Frühgeschichte, 1976, 13–23.

C. Strahm: Die Anfänge der Metallurgie in Mitteleuropa. Helvetia archaeologica 25/1994, Heft 97, 2–39.

M. Weber: Wirtschaft und Gesellschaft. Tübingen 1921.

M. Windholz-Konrad: Funde entlang der Traun zwischen Ödensee und Hallstätter See. Fundberichte aus Österreich. Materialhefte Reihe A, 13, Wien 2003.

R. Wyss: Die Eroberung der Alpen durch den Bronzezeitmenschen. Zeitschrift für Archäologie und Kunst 28, 1971, 130–145.

K. Zschocke/E. Preuschen: Das urzeitliche Bergbaugebiet von Mühlbach-Bischofshofen. Materialien zur Urgeschichte Österreichs 6, Wien 1932.

Bildnachweis

U1 © Prisma Bildagentur AG / Alamy, Foto: Brännhage Bo; Frontispiz: oben: © Martin Lehmann / Alamy; unten links: Archiv Keltenmuseum Hallein; unten rechts: J. Tappeiner, Airphoto, Lana in Südtirol; S6 © Peter Crighton / Alamy; S8–9 Martin Fera, Universität Wien; S11 Peter Palm (nach Bätzing 1997); S12 LAD Baden-Württemberg. P. Suter/H. Schlichtherle. Pfahlbauten UNESCO Welterbe Kandidatur, Biel 2009, Abb. S.19; S14 Andreas Lippert, Umsetzung Tanja Krichel; S16o H.de Lumley 1976, 101, Abb.49; S16u/S17u H. de Lumley, Bebilderung Freilichtmuseum Lazarethöhle, Nizza, 2011; S17o Verlagsbüro Wais & Partner, Stuttgart. Zeichnung: Anna-Katharina Stahl; S18, S19, S20o Universalmuseum Joanneum, Abt. Archäologie und Münzkabinett, D.Modl; S20u, S24u, S25 W. Leitner, Universität Innsbruck; S21 E. Pieler, Wien; S22–23 © Sebastian Wasek / Alamy; S24o Alciati 1992; S26 picture-alliance / imagestate/HIP; S27 Peter Palm (nach Gehlen 2006, Fig.4); S28 Gehlen 2006, Fig.2; S29 Laboratoire préhistoire et anthropologie Université de Genève, Chr. Brunier; S30 Photo ARIA S.A., Sion, Ph.Curdy; S31 A. Lippert, Universität Wien; S32o J. Rageth 2004; S32u © Archäologischer Dienst des Kantons Bern, Andreas Zwahlen; S33o Archäologischer Dienst Graubünden, Chur; S33u E.Gerola, Soprantendenza per i Beni Archaeologici, Trento; S34 © ARCTIC IMAGES / Alamy; S36–37 R. Eichenberger, Museum für Urgeschichte(n) Zug; S38 A. Hafner, Archäologischer Dienst des Kantons Bern; S39 B. Reda, Archäologischer Dienst des Kantons Bern; S40 F. Mandl 1986 und 2002; S41 G. Patzelt 1997, Tabelle S. 123; S42–43 © WoodyStock / Alamy, Mirau Rainer; S44 F. Mandl 1996, Abb. S. 36; S45 J. Tappeiner, Airphoto, Lana in Südtirol; S46o Öst.Museum für Volkskunde, Wien. Foto C. Knott; S46u Südtiroler Archäologiemuseum, Bozen; S47–48 A. Lippert, Universität Wien; S49l, S50 M. Brandl, Österreichische Akademie d. Wissenschaften, Wien; S49r W. Leitner, Universität Innsbruck; S51 G. Tomedi, Universität Innsbruck; S52o A. Lippert, Universität Wien; S52u G. Gattinger, Institut für Ur-u. Frühgeschichte, Universität Wien (Studiensammlung); S53 C. Eibner 1982, Abb.2; S54 C. Eibner 1982, Abb.3; S55 Jan Cierny, © Deutsches Bergbau-Museum; S56o F.Moosleitner, Salzburg Museum; S56u Salzburg Museum; S57 Rätisches Museum, Chur; S58o Archivio di preistoria del museo delle scienze, Trento; S58u Tiroler Landesmuseen, Innsbruck; S59 Peter Palm (nach SPM III); S60 A. Lippert, Universität Wien; S61o J. Rageth, Archäologischer Dienst Graubünden, Chur; S61u Lippert 1992; S62–63 Montafon-Projekt der Goethe Universität Frankfurt (R. Krause); S64o Rageth 1986; S64u B. Schier, Studiensammlung d. Inst. f. Ur- u. Frühgeschichte, Universität Wien; S65 Peter Palm (nach Eibner 1972); S66o Verlagsbüro Wais & Partner, Stuttgart. Zeichnung: Anna-Katharina Stahl; S66u E. Urbanek, Museum Burg Golling; S67 Tiroler Landesmuseen, Innsbruck; S68o K. Kromer, Prähistorische Abt. am Naturhistorischen Museum, Wien; S68u, S69u H. Reschreiter/K. Löcker, Prähistorische Abteilung am Naturhistorischen Museum, Wien; S69o E. Pucher, Archäozoologische Abt., Naturhistorisches Museum, Wien; S70–71 © Jon Arnold Images Ltd / Alamy, Walter Bibikow; S72 A. Lippert, Universität Wien; S73 Archiv Keltenmuseum Hallein; S74 Salinen Tourismus GmbH, Bildarchiv, Salzburg; S76 J. Rageth 2000; S77 Soprintendenza per i Beni Archeologici, Trento; S78o N. La Préhistoire Francaise II (Hrsg. J. Guilane). Paris 1976; S78u H. Paitier, Kantonsmuseum Wallis, Sion; S79 Archiv Keltenmuseum Hallein; S80o K. Grömer 2011; S80u Südtiroler Archäologiemuseum, Bozen; S82 M. Windholz-Konrad, Graz; S84 Peter Palm (nach Ph. Della Casa 2007); S85 Ph. Della Casa, Universität Zürich; S86–87 © Martin Lehmann / Alamy; S88 Salzburg Museum; S89o P. Paternoster, Museum and Galleries of Ljubljana; S89u Verlagsbüro Wais & Partner, Stuttgart. Zeichnung: Anna-Katharina Stahl; S90o SPM III – Bronzezeit, S. 302, Fig. 164/4 u. 6, Nüssli Baltensweiler nach Entwurf Ch. Maise; S90u N. Leitinger, Neumarkt am Wallersee, Salzburg; S91o Nach Lippert 2004, Taf. 1/1; S91l R. Eichenberger, Museum für Urgeschichte(n) Zug; S92–93 Archiv Keltenmuseum Hallein; S94o Oberösterreichisches Landesmuseum, Linz; S94u–95 Pierre Pétrequin; S96 Salzburg Museum; S97 Lippert 2011; S98o Archiv Keltenmuseum Hallein; S98u, S100o Lippert/Stadler 2009; S99o Entwurf und Ausführung: A. Lippert und G. Tomedi; S99u Peter Palm (nach Entwurf A. Lippert); S100u Sauer 2009, Abb. S. 402/6; S101 Lippert 2009, Abb.1; S102 Rätisches Museum, Chur; S103o Universalmuseum Joanneum, Abt. Archäologie und Münzkabinett, D.Modl; S103u Peter Palm (nach SPM IV), S. 215, Abb.1–4); S104 Castello del Buonconsiglio, Trento; S105 Verlagsbüro Wais & Partner, Stuttgart. Zeichnung: Anna-Katharina Stahl; S106 G. Dembski, Münzkabinett, Kunsthistor. Museum Wien.

Leider ist es uns nicht immer möglich, den Rechtsinhaber ausfindig zu machen. Berechtigte Ansprüche werden selbstverständlich im Rahmen der üblichen Vereinbarungen abgegolten.

Der Mann aus dem Eis

Eine Mumie aus dem Eis sorgt seit ihrer Entdeckung vor über 20 Jahren immer wieder für Schlagzeilen: »Ötzi«, wie Wissenschaftler, Medien und Museumsbesucher den sensationell gut erhaltenen Zeugen unserer Vergangenheit liebevoll nennen. Neueste und überraschende Erkenntnisse, aber auch Kurioses und Absurdes rund um den Mann aus der Kupferzeit finden Sie in diesem Bildband.

Hrsg. von Angelika Fleckinger
Ötzi 2.0
Eine Mumie zwischen Wissenschaft, Kult und Mythos
160 S. mit rund 150 farb. Abb.
ISBN 978-3-8062-2432-0

Unser Gesamtprogramm finden Sie im Internet unter www.theiss.de
Telefon (0711) 2 55 27-14, E-Mail: service@theiss.de

„Es gibt kaum eine schönere Weise, sich der Vorzeit zu nähern, als in diesem Buch zu blättern." *Frankfurter Allgemeine Zeitung*

Wo lebten unsere steinzeitlichen Vorfahren? Wann lernte der Mensch Metalle zu verarbeiten? Wie fand der kulturelle Austausch zwischen einzelnen Völkern statt? Unter welchen Voraussetzungen konnten sich Hochkulturen entwickeln?

Exklusiv neu erstellte thematische Karten, zahlreiche farbige Abbildungen und fundierte Texte beschreiben über eine Million Jahre Menschheitsgeschichte.

Ein unentbehrliches Nachschlagewerk!

Einziger Atlas zur Vorgeschichte Europas

Hrsg. von Siegmar von Schnurbein
Atlas der Vorgeschichte
Europa von den ersten Menschen bis Christi Geburt
240 S., 120 Ktn., 150 Farbabb.
ISBN 978-3-8062-2105-3

Unser Gesamtprogramm finden Sie im Internet unter www.theiss.de
Telefon (0711) 2 55 27-14, E-Mail: service@theiss.de

Archäologie
IN DEUTSCHLAND

Die Vergangenheit entdecken!

Spannende Reportagen aus der ganzen Welt der Archäologie – mit Berichten aus erster Hand und den Neuigkeiten aus allen Bundesländern. Jetzt abonnieren und keine Ausgabe mehr verpassen!

■ abonnieren

Sie abonnieren **ARCHÄOLOGIE IN DEUTSCHLAND** für sich selbst. Sie versäumen keine Ausgabe: jährlich 6 Hefte und 2 Sonderhefte

Bestellkarte »Mein Abonnement«

Hiermit abonniere ich die Zeitschrift **»Archäologie in Deutschland«** ab Heft _____ .

6 Hefte jährlich und zwei zusätzliche Sonderthemenhefte

☐ zum Normalpreis von € 69,90 + Porto

☐ zum Schüler- u. Studentenpreis von € 49,90 + Porto (nur mit Bescheinigung)

Mein Abonnement gilt zunächst für 1 Jahr. Es verlängert sich automatisch um jeweils 1 Jahr, wenn ich nicht 4 Wochen vor Erscheinen des 6. Heftes meines Abonnements die weitere Belieferung widerrufe. Nach der Zusendung des 1. Heftes erhalte ich eine Rechnung über das Jahresabonnement. Senden Sie ggf. in Ergänzung Ihres Auftrags eine Studien- bzw. Schulbescheinigung an den AiD-Leserservice, Heuriedweg 19, 88131 Lindau oder per E-Mail an service@aid-magazin.de

Vertrauensgarantie: Mir ist bekannt, dass ich die Vereinbarung innerhalb von 14 Tagen in Textform (Brief, Fax, E-Mail) widerrufen kann. Die Frist beginnt mit der Absendung der Bestellung (Poststempel).

_____ _____
Ort/Datum   Unterschrift

Meine Postadresse gebe ich umseitig deutlich lesbar an.

Bestellkarte »Geschenkabonnement«

Ich bestelle ein Geschenkabonnement **»Archäologie in Deutschland«** ab Heft _____ .

☐ 6 Hefte jährlich und zwei Sonderthemenhefte zu € 69,90 + Porto

Das zuletzt erschienene Heft erhalte ich zusammen mit einem Geschenkgutschein für den neuen Abonnenten.

Die Hefte aus dem bestellten Geschenkabonnement gehen direkt an die von mir angegebene Adresse. Die Rechnung für das Abonnement erhalte ich.

■ verschenken

Sie verschenken ein Jahr lang Lesevergnügen mit **ARCHÄOLOGIE IN DEUTSCHLAND**.

Zum Überreichen erhalten Sie das zuletzt erschienene Heft und einen Geschenkgutschein.

Besteller (Rechnung senden an):   **Empfänger** (Hefte senden an):

_____   _____
Name/Vorname   Name/Vorname

_____   _____
Straße   Straße

_____   _____
PLZ, Ort   PLZ, Ort

_____   _____
E-Mail-Adresse   E-Mail-Adresse

Vertrauensgarantie: Mir ist bekannt, dass ich die Vereinbarung innerhalb von 14 Tagen in Textform (Brief, Fax, E-Mail) widerrufen kann. Die Frist beginnt mit der Absendung der Bestellung (Poststempel).

_____ _____
Ort/Datum   Unterschrift

Fehlt Ihnen eine Ausgabe?

Falls ja, bestellen Sie ganz einfach fehlende Hefte nach! Alle lieferbaren Ausgaben und Sonderhefte finden Sie unter www.aid-magazin.de

Absender: D-BAID2

Name / Vorname

Straße

PLZ / Ort

E-Mail-Adresse

Als Neuabonnent von Archäologie in Deutschland bevorzuge ich folgende Zahlungsweise:
- ☐ Ich zahle gegen jährliche Rechnung
- ☐ Ich zahle bargeldlos, bequem durch Bankeinzug (Nur im Inland möglich)

Kontonummer

Bankleitzahl   Geldinstitut

Datum   **Unterschrift**

Antwort/Postkarte

Porto haben wir für Sie bereits übernommen

Konrad Theiss Verlag GmbH
Postfach 10 48 27
70042 Stuttgart

Absender: D-BGA2

Name / Vorname

Straße

PLZ / Ort

E-Mail-Adresse

Als Neuabonnent von Archäologie in Deutschland bevorzuge ich folgende Zahlungsweise:
- ☐ Ich zahle gegen jährliche Rechnung
- ☐ Ich zahle bargeldlos, bequem durch Bankeinzug (Nur im Inland möglich)

Kontonummer

Bankleitzahl   Geldinstitut

Datum   **Unterschrift**

Antwort/Postkarte

Porto haben wir für Sie bereits übernommen

Konrad Theiss Verlag GmbH
Postfach 10 48 27
70042 Stuttgart